UTB

UTB 2245

Eine Arbeitsgemeinschaft der Verlage

Beltz Verlag Weinheim und Basel
Böhlau Verlag Köln · Weimar · Wien
Wilhelm Fink Verlag München
A. Francke Verlag Tübingen und Basel
Paul Haupt Verlag Bern · Stuttgart · Wien
Verlag Leske + Budrich Opladen
Lucius & Lucius Verlagsgesellschaft Stuttgart
Mohr Siebeck Tübingen
C. F. Müller Verlag Heidelberg
Ernst Reinhardt Verlag München und Basel
Ferdinand Schöningh Verlag Paderborn · München · Wien · Zürich
Eugen Ulmer Verlag Stuttgart
UVK Verlagsgesellschaft Konstanz
Vandenhoeck & Ruprecht Göttingen
WUV Facultas · Wien

Sabine Kirchhoff/Sonja Kuhnt
Peter Lipp/Siegfried Schlawin
Fragebogen

Sabine Kirchhoff/Sonja Kuhnt
Peter Lipp/Siegfried Schlawin

Fragebogen

Datenbasis. Konstruktion. Auswertung

3. überarbeitete Auflage

Leske + Budrich, Opladen 2003

Gedruckt auf alterungsbeständigem und säurefreiem Papier

Die Deutsche Bibliothek – CIP-Einheitsaufnahme
Ein Titeldatensatz für diese Publikation ist bei
Der Deutschen Bibliothek erhältlich.

ISBN: 3-8100-3680-3

Satz: Leske + Budrich, Opladen
Druck: DruckPartner Rübelmann, Hemsbach
Printed in Germany

Inhaltsverzeichnis

Vorwort 1

Es gibt Dinge, die muss man nicht lernen, die kann man eben: Sehen, hören, sprechen, einen Fragebogen formulieren....

Weil wir beim mündlichen Befragen glauben der Wahrheit früher oder später auf den Grund zu kommen, meinen viele, das müsste auch für Fragebogen gelten. Das stimmt aber nicht. Denn anders als bei einer unstrukturierten Befragung etwa eines Zeugen vor Gericht oder eines Prüflings in der Prüfung erlauben Fragebogen in der Regel kein Nachhaken bei Unklarheiten, keine Klarstellungen missverständlicher Formulierungen, keine Rückfragen bei offensichtlichen Versprechern; anders als offene mündliche Befragungen erfordern sie viel Nachdenken, bevor man mit der Fragerei beginnt. Die Reihenfolge der Fragen, die Wahl der Worte, selbst die Farbe des Fragebogens haben Einfluss auf die Antwort, und die Frage: Sind Sie

- glücklich
- unglücklich
- weder/noch

wird einen anderen Prozentsatz glücklicher Menschen liefern als die Frage: Sind Sie

- glücklich
- zufrieden
- eher zufrieden
- eher unzufrieden
- unzufrieden
- unglücklich.

Als amerikanische Meinungsforscher einmal fragten: „Stimmen Sie der Behauptung zu: Für die zunehmende Kriminalität in unserem Land sind in erster Linie die Menschen mit ihrem individuellen Fehlverhalten und nicht die gesellschaftlichen Verhältnisse verantwortlich?“ sagten zwei Drittel der Befragten „ja“. Als sie statt dessen fragten: „Stimmen Sie der Behauptung zu: Für die zunehmende Kriminalität in unserem Land sind in erster Linie die gesellschaftlichen Verhältnisse und nicht die Menschen mit ihrem individuellen Fehlverhalten verantwortlich?" sagten wieder zwei Drittel der Befragten „ja". (Deshalb, weil die meisten Menschen lieber ja sagen als nein, ist es bei Ja-Nein-Entscheidungen sehr wichtig, welche der beiden Alternativen in der Ja-Form steht, um nur einige der Möglichkeiten aufzuzeigen, wie die Art der Frage das Ergebnis auch ohne jede Manipulationsabsicht verbiegen kann).

Und wie wichtig die Möglichkeit zum Nachhaken bei unplausiblen Antworten ist, zeigt eine meiner Lieblingsumfragen, per Fragebogen durchgeführt von einer Studentenzeitung unter Erstsemestern. Neben Alter, Hobbys, Herkunft und Beruf der Eltern wurde auch nach dem Ehestand gefragt, mit folgendem Ergebnis:

- Ledig 1561
- verheiratet 16
- weiß nicht 11

Weil ich schon so viele Pannen gesehen habe, begrüße ich sehr die hier vorliegende Anleitung, die in einer unprätentiösen, leicht verständlichen (noch verständlicher, wenn die vielen großen Is nicht wären) Sprache zeigt, worauf man beim schriftlichen Befragen seiner Zeitgenossen achten muss, wie man Fragebogen formuliert, verteilt und auswertet, wie man die Rücklaufquote maximiert und wie man die Ergebnisse der Befragung dem staunenden Publikum bestmöglich vermittelt. Das Buch ist aus der Praxis, nicht aus dem Elfenbeinturm der reinen Wissenschaft heraus geschrieben und auch ohne höhere Mathematik leicht zu verstehen. Möge es viele Leser finden!

Dortmund, August 1999 *Prof. Dr. Walter Krämer*

Vorwort 2

Die empirische Hochschulforschung ist großenteils Studentenforschung im doppelten Sinne: Studierende sind sowohl interessante Untersuchungsobjekte als auch interessierte Untersuchungssubjekte. Während des Studiums bietet es sich an, empirische Forschungsmethoden so zu lehren, dass Studierende diese im Feld der Hochschule ausprobieren können. Dieses Buchprojekt ist aus diesem Motiv heraus entstanden und in einem größeren Forschungsvorhaben verortet, in dem Erhebungsinstrumente entwickelt und empirische Daten erhoben wurden.

Beim Ursprungsprojekt handelt es sich um ein Forschungsprojekt zum Studierverhalten in den neuen und alten Bundesländern. Die erste Projektphase vom 1.1.1995-31.12.1996 wurde aus Mitteln der Deutschen Forschungsgemeinschaft, die zweite Phase aus Haushaltsmitteln des Hochschuldidaktischen Zentrums finanziert. Die erste Phase erfolgte in Kooperation mit der Forschungsgruppe Hochschulforschung Berlin-Karlshorst unter Leitung von Prof. Dr. Carl-Hellmut Wagemann und dem Hochschuldidaktischen Zentrum unter Leitung von Prof. Dr. Sigrid Metz-Göckel und Dr. Sabine Kirchhoff. Seine Fragestellung lauteten:

- Wie sehen Dortmunder Studierende ihre Studiensituation,
- welche Studienstrategien verfolgen sie und
- welche fachkulturellen Unterschiede zeichnen sich ab.

Vergleichend untersucht wurden drei Studiengänge – Wirtschaftswissenschaften, Pädagogik, Maschinenbau –, die sowohl an der Universität Dortmund als auch an der Fachhochschule Dortmund studiert werden können. Während in der ersten Phase der Vergleich zwischen den Universitätsstädten Dresden und Dortmund im Mittelpunkt stand, konzentriert sich die zweite Auswertungsphase auf den Studienort Dortmund und den Vergleich der beiden Hochschultypen im Hinblick auf die Geschlechterdifferenzen in den Studiengängen, die soziale Rekrutierung der Studierenden, die fachkulturellen Unterschiede in den Studiengängen und zwischen den beiden Hochschulen. Die Veröffentlichung wird den Titel haben: Brendel, Sabine/Metz-Göckel, Sigrid (unter Mitarbeit von Sabine Kirchhoff): *Das Studium ist schon die Hauptsache, aber ...*, Kleine Verlag, Bielefeld 2000.

Das vorliegende Buch schöpft seine Daten, Tabellen, Grafiken und einige Interpretationen aus dem Datenmaterial dieses Projekts. Es basierte auf einer Fragebogenuntersuchung, die im Sommersemester 1995 durchgeführt wurde und 4570 Studierende erreichte (Rücklauf 31,8%) sowie auf qualitativen leitfadengestützten Interviews mit 66 Studierenden im WS 1995/96.

Wie bei allen empirischen Forschungsprojekten besteht ein großer Teil der Forschungsleistung in der Datenerhebung. Das vorliegende Buch ist eine praktische Handreichung für Anfänger, die Erhebungsinstrumente zielgerichtet zu entwickeln und die Auswertungsarbeit großer Datenmengen geistig vorwegzunehmen. Es ist ein Bericht aus einer wissenschaftlichen Werkstatt, der viel Aufmerksamkeit auf die Werkzeuge legt, damit das Endprodukt, welcher Thematik es auch sei, vorzüglich gelinge.

Prof. Dr. Sigrid Metz-Göckel

1. Auf die Plätze, fertig, los...

Spiegelte der Blick in die Lokalzeitung an diesem Morgen nicht meine persönlichen Erfahrungen an der Hochschule wider? Traf die auf der Feuilletonseite abgedruckte Reportage nicht ins Schwarze? Geschildert wurde der Versuch eines Journalisten an der Dortmunder Hochschule – meiner Arbeitsstätte – ein sozialwissenschaftliches Fachbuch auszuleihen. In der Uni-Bibliothek erfuhr er, dass er damit rechnen müsse, die Lektüre aufgrund der hohen Nachfrage frühestens in einem halben Jahr in Händen zu halten. War das nicht Uni-Alltag? Spontan pflichtete ich dem Reporter bei. Aber war das denn wirklich korrekt? Wieviel bestellte Bücher hatte ich in letzter Zeit umgehend erhalten? 20 hatte ich prompt bekommen, zwei nicht. Obwohl ich die meisten Bücher erhalten hatte, hatte ich dem Journalisten spontan Recht gegeben. Woher also diese verflixt trügerische Wahrnehmung? Wohl daher, dass ich gerade gestern ein dringend benötigtes Buch nicht bekommen hatte.

Anderntags schaltete ich auf dem Weg zur Arbeit das Autoradio ein. Schon wieder stand die Universität im Mittelpunkt einer Reportage. Diesmal ging es um die Arbeit der ProfessorInnen. Deren Leistungen seien mangelhaft, tönte es aus dem Äther. Der Redakteur hatte zwei Studierende des Allgemeinen Studierendenausschusses eingeladen. Die AStA-Vertreter klagten, die ProfessorInnen seien nur selten an der Universität, weil sie sich lieber anderswo als GutachterInnen ein Zubrot verschafften und zudem die Studierenden nur als lästiges Übel ansähen. Nachdem die beiden Studierenden ihre Sicht der Dinge dargelegt hatten, eröffnete der Rundfunk-Redakteur eine Telefonrunde. Nun hatten ZuhörerInnen per Telefon Gelegenheit, die Öffentlichkeit an ihren Erfahrungen teilhaben zu lassen. Es meldete sich ein Studierender, der die Version seiner KommilitonInnen untermauerte. Der Redakteur spielte einen Musiktitel ein, so dass der Eindruck unzuverlässiger ProfessorInnen zunächst einmal unkommentiert im Raum stand.

In der Uni angekommen, öffnete ich die Tür zum Büro, in dem schon gearbeitet wurde und ebenfalls das Radio lief. Der Rundfunk-Redakteur berichtete, dass nun aus Gründen einer ausgewogenen Berichterstattung FunktionsträgerInnen aus Hochschule und Wirtschaft zu Wort kämen. Dementsprechend betonte jetzt ein Universitätsrektor, das bisher in der Öffentlichkeit entstandene Bild sei falsch. Die vereinzelten schwarzen Schafe würden zu einem Rudel aufgebauscht und die gute Arbeit all der anderen beflecken. Das Humboldt'sche Modell von der Einheit von Lehre und Forschung beinhalte eben, dass die ProfessorInnen nicht nur zu lehren, sondern auch per Forschung das Wissen voranzutreiben hätten. Außerdem könnten die Studierenden dies ohnehin nicht überblicken, weil sie zu selten, wenn auch über zu viele Semester hinweg, an der Universität verweilten. Ein Vertreter der Wirtschaft drehte den Spieß vollends um und berichtete von der mangelnden Qualifikation der Studierenden. Wie er aus Einstellungsgesprächen wüßte, könnten die nicht einmal lesen und schreiben. Nicht die Professorenschaft sei daran schuld, vielmehr eine dem Leistungsprinzip abschwörende Studierenden-Generation. Den Protest des Studierendenvertreters, der allem Anschein noch mit auf Sendung war, schluckte die Einblendung eines weiteren Musiktitels.

„Und jetzt sind wieder einmal die Studierenden an allem schuld“, monierte eine der studentischen Hilfskräfte unseres Teams, und wir diskutierten intensiv über die redaktionellen Beiträge. „Undifferenziert, selektiv, irreführend und dennoch meinungsbildend“ lautete unser einhelliges Fazit. „Das ist eben der Unterschied zwischen empirischer Sozialwissenschaft und Journalismus. JournalistInnen präsentieren irgendwelche Ausschnitte aus dem Hochschulalltag im Glauben, die Realität abzubilden, und die ZuhörerInnen ziehen daraus auch noch verallgemeinernde Schlüsse. Wir hingegen müssen uns genau überlegen, welche Methoden sich überhaupt für die Beantwortung einer bestimmten Fragestellung eignen, welche Reichweite die Aussagen haben sollen – und, und, und...“ kommentierte jemand aus unserem Team und schlug vor: „Sollen wir nicht einen Fragebogen machen und die verschiedenen Seiten der Hochschule beleuchten?“ Die Idee war gut. Warum nicht eine Befragung starten? Aber musste es ein Fragebogen sein? Gab es denn keine gute Alternative? Der Vorschlag, statt dessen Gruppeninterviews mit VertreterInnen studentischer Organisationen wie Hochschulleitungsgremien zu führen, wurde aber abgelehnt. Barg diese Methode doch das Manko nur diejenigen zu erreichen, die sich immer zu Wort melden und damit jene Meinungen einzufangen, die ohnehin auffallend häufig in den Medien auftauchen. Außerdem stellte sich die Frage, ob Gruppendiskussionen mit den Vertretungen der verschiedenen Fachschaften überhaupt vergleichbar seien? Was vergleichen, wenn die Studienbedingungen je nach Studiengang differierten? Ähnliche Einwände trafen auch auf Gruppendiskussionen mit VertreterInnen von Hochschulleitungsgremien zu. Zu viele wenn und aber also, um sich nicht doch die Vorteile der Vergleichbarkeit und Zuverlässigkeit einer standardisierten Umfrage zunutze zu machen und sich bei der Befragung auf eine Gruppe zu beschränken: Und zwar die der Studierenden. Schließlich ging es an der Universität um ihre berufliche Zukunft...

Ja, so könnte es gewesen sein, war es aber nicht: Wir haben diesen fiktiven Aufhänger gewählt, weil die Beschreibung der Entwicklung eines Forschungsantrages wesentlich „zäher“ gewesen wäre. Außerdem gibt es im Alltag von Studierenden wie WissenschaftlerInnen immer wieder Schlüsselsituationen wie die beschriebene, in denen die Idee für eine Diplomarbeit bzw. für ein Forschungsprojekt geboren wird.

So waren die Fragen, die sich während unseres Forschungsalltages auftaten ebenso wie die darauf gefundenen Antworten der Anlass, mit diesem Buch die Phasen des durchlaufenen Forschungsprozesses nachzuzeichnen. Im Mittelpunkt dieses Buches stehen praxisrelevante Überlegungen, Entscheidungen und manchmal auch Hürden, die sich im Verlauf unseres Forschungsprojektes ergaben. Eine Perspektive, die zwingend den Verzicht auf Ansprüche wie Vollständigkeit und Verallgemeinerbarkeit beinhaltet, aber den Vorzug hat, eine Brücke zwischen Theorie und Praxis zu schlagen. Dementsprechend werden hier praktische und handwerkliche Aspekte eingehend skizziert, die in der Methodenliteratur sozusagen nebenbei abgehakt werden. Deshalb dürfte diese Lektüre vor allem AnfängerInnen interessieren. Um Missverständnissen vorzubeugen, ist an dieser Stelle anzumerken, dass es durchaus andere Wege als die von uns gewählten zum Ziel gegeben hätte. Forschung ist auch immer eine Sache der Entscheidungsfindung, für diese Prozess haben wir die einschlägige Fachliteratur zur empirischen Sozialforschung herangezogen, die verschiedenen Lösungmöglichkeiten erörtert und dann entschieden.

Ist erst einmal entschieden, eine Fragebogenaktion durchzuführen, folgt eine Reihe von Überlegungen: Welche Personen sollen einen Fragebogen erhalten und ausfüllen? Welche Fragen kommen in den Fragebogen? Was passiert mit den ausgefüllten Fragebogen? Fragen über Fragen also, die wir anhand der von uns gewählten Lösungen exemplarisch beantworten wollen.

Der natürlichen Reihenfolge entsprechend beginnen wir mit Überlegungen zur Grundgesamtheit und Wahl der Stichprobe (Kapitel 2), ehe wir uns dem Fragebogen zuwenden. In Kapitel 3 zeichnen wir die Schritte zur Erstellung unseres Fragebogens nach. Wie dieser Fragebogen in Umlauf gebracht wurde, beschreiben wir im darauffolgenden Kapitel. Anschließend wird der Weg zum Datensatz skizziert (Kapitel 5). Ein Thema übrigens, das in der deutschsprachigen Literatur häufig übersprungen wird. In diesem werden beispielsweise Fragen zum Erstellen von Codeplänen oder Vorschaltvariablen beantwortet, die eine sinnvolle Datenverwaltung unterstützen. Auch in den darauf folgenden Ausführungen zur Grundauswertung (Kapitel 6) und zur Aufbereitung von Ergebnissen (Kapitel 7) führen wir Beispiele aus unserer Praxis an. In Kapitel 8 „Ins Eingemachte der Datenanalyse“ zeigen wir, welche multivariaten Verfahren wir wie und warum angewandt haben. Entstehungsprozesse unserer schriftlichen Dokumentationen stehen im Mittelpunkt von Kapitel 9. Am Schluss fassen wir schließlich noch einmal wesentliche Erfahrungen zusammen.

2. Die Qual der (Aus-)Wahl: Grundgesamtheit und Stichprobe

Über wen wollten wir Aussagen treffen? Wer sollte den Fragebogen ausfüllen? Die Studierenden der gesamten Bundesrepublik? Nein, das war nicht unser Ziel. Wir wollten vor allem einen Institutionen-Vergleich zwischen Universitäten und Fachhochschulen durchführen. Eine der Hypothesen lautete, Fachhochschul-Studierende seien mit der Qualität der Lehre zufriedener als Uni-Studierende. Da hierzu bislang kaum Studien durchgeführt wurden, reichte es unserer Meinung nach zunächst einmal aus, sich bei der Auswahl auf einen Studienort zu beschränken. Pragmatischerweise fiel unsere Wahl auf Dortmund, weil wir uns als Ortsansässige hier alle relevanten Informationen und damit einen Überblick verschaffen konnten.

Zunächst sahen wir uns die Prüfungs- und Studienordnungen aller Studiengänge an, die sowohl an der Universität als auch an der Fachhochschule angeboten wurden. Davon wählten wir drei Studiengänge aus, deren Profile hinreichend übereinstimmten und von denen wir erwarteten, dass sie sich fachkulturell stark voneinander unterscheiden. Übrig blieben die universitären Studiengänge Wirtschaftswissenschaften, Erziehungswissenschaften, Maschinenbau sowie die Fachhochschulstudiengänge Wirtschaft, Sozialpädagogik und Maschinenbau/Werkstofftechnik. Statistisch gesprochen definierten wir die Studierenden dieser sechs Studiengänge als unsere Grundgesamtheit.

Innerhalb unseres zeitlich und finanziell begrenzten Rahmens war es nicht möglich, eine Totalerhebung durchzuführen, sprich jeden Studierenden zu befragen. Deshalb entschieden wir uns dafür, eine Stichprobe aus der Grundgesamtheit zu ziehen. Bei der Auswahl der zu befragenden Studierenden hatten wir

„darauf zu achten, dass die Stichprobe ein möglichst getreues Abbild der Gesamtpopulation ist. Dies erreicht man insbesondere durch zufällige Stichproben, wobei zufällig nicht mit willkürlich gleichzusetzen ist, sondern beispielsweise meint, dass jede statistische Einheit dieselbe Chance hat, in die Stichprobe aufgenommen zu werden" (Fahrmeir et al. 1997, S. 14).

Hierbei kam uns das Beispiel einer Lehrerin in den Sinn, die einer Klasse von 30 SchülerInnen vorsteht (Grundgesamtheit/N = 30) und deren Hausarbeiten mittels eines einfachen Auswahlverfahrens kontrolliert, indem sie vor der Schulstunde sechs SchülerInnen der Klasse (Stichprobe/n = 6) auswählt. Hierfür wirft sie die Namensschilder ihrer 30 PappenheimerInnen in einen Beutel und zieht daraus sechs. Diese müssen dann ihre Hausarbeiten vorzeigen. Mit dieser zufälligen Vorgehensweise erhält die Lehrerin einen Eindruck über den Leistungsstand der Klasse.

Ihr Eindruck ist also verallgemeinerbar. Ein Ziel, das auch wir erreichen wollten. Auf der Basis unserer Fragebogen-Erhebung wollten wir zuverlässige Aussagen über die Dortmunder Studierenden der ausgewählten Fachrichtungen treffen. Deshalb gingen nunmehr zwei Entscheidungen Hand in Hand: Die Auswahl der Studierenden sollte zufällig erfolgen, und sie sollten die Fragebogen per Post erhalten. Bei der alternativen Vorgehensweise, die Studierenden in den Vorlesungen und Seminaren zu erreichen, wäre beispielsweise das Prinzip der Zufälligkeit verletzt worden; denn wir hätten vornehmlich Studierende erreicht, die in den Veranstaltungen gewesen wären. Diejenigen Studierenden aber, die zeitweilig anderen Beschäftigungen wie der Erziehung von Kindern oder der Finanzierung des Studiums nachgehen, wären außen vor geblieben und somit Auswahlfehler vorprogrammiert gewesen.

Beim Verwirklichen der Zufallsauswahl stießen wir jedoch auf praktische Probleme. Wie sollten wir beispielsweise an die Adressen gelangen, wo es doch kein Telefonbuch der Studierenden gibt? Wie vermutet, verfügte die Hochschulverwaltung immerhin über eine Adressenkartei, die vollständig und aktuell war. Aus dieser sollte die Hälfte der Studierenden für die Befragung ausgewählt werden. Das lag in unserem finanziellen Rahmen und schien ausreichend für repräsentative Schlüsse. Genau wie die Lehrerin hätten wir nun alle Namen in einen Beutel werfen und daraus die Hälfte der Namen ziehen können. Dieses zufällige Auswahlverfahren war bei mehreren tausend Personen aber zu aufwendig. Deshalb wurde jeder Zweite aus der Adressenkartei ausgewählt. Wir bedienten uns also statt eines zufälligen, eines systematischen Auswahlverfahrens. Da die Datei alphabetisch sortiert war, konnten wir davon ausgehen, dass Frauen wie Männer, AnfängerInnen wie Langzeitstudierende, dicke wie dünne Studierende gleichermaßen in die Stichprobe gelangen würden, was der Zufallsauswahl sehr nahe kommt.

Nicht zu unterschätzen war in diesem Zusammenhang die Frage des Datenschutzes. Die Verwaltung konnte uns aufgrund datenschutzrechtlicher Bedenken selbstverständlich nicht die Adressen zur Verfügung stellen. Dass die Bedenken ernst genommen werden, erfuhren wir mehrfach während des Forschungsprozesses. So forderten uns sowohl der Landesbeauftragte für den Datenschutz NRW als auch das Ministerium für Wissenschaft und Forschung des Landes NRW zu schriftlichen Stellungnahmen bezüglich der Sicherstellung des Datenschutzes auf. Aufgrund der Bedeutung des Datenschutzes wollen wir unsere Vorgehensweise an dieser Stelle näher beschreiben: Die Strategie, den Datenschutz aufrechtzuhalten, bestand im Prinzip in der strikten Trennung zwischen ForscherInnen und Adressenverwaltung. So erstellten wir am Hochschuldidaktischen Zentrum die Fragebogen, tüteten sie mit Anschreiben und an uns adressierten Briefumschlägen in Versandtaschen ein und gaben sie an die Hochschulverwaltung weiter (vgl. auch Kapitel 4). Diese druckte die aus der Studierendendatei herausgefilterten Adressen aus, klebte die Adressenetiketten auf die vorgefertigten Umschläge und überbrachte diese der Poststelle zum Versand. Auf diese Weise hatten wir ForscherInnen nie die Adressen in den Händen und die Verwaltung nie die ausgefüllten Fragebogen.

Übrigens finden datenschutzrechtliche Aspekte in der von uns durchgesehenen Literatur so gut wie keine Beachtung, obwohl sie ausschlaggebend für das Scheitern eines Forschungsprojektes sein können. Vielleicht ist dieser Tatbestand aber unserer Literaturauswahl geschuldet und damit sozusagen ein Auswahlfehler unsererseits.

3. Fragen stellen ist nicht schwer, Fragebogen konstruieren sehr!

Der Glaube, ein Fragebogen sei im Nu gestrickt, ist ein Irrtum. Obwohl Fragenstellen zunächst als eine ganz alltägliche Angelegenheit erscheint, stellten wir fest, dass zur Konstruktion eines Fragebogens viel mehr gehört. Uns jedenfalls hielten die Konstruktion der Fragen, das Aufeinander-Abstimmen, das Maßschneidern auf die „Bedürfnisse" der Befragten und das in Einklang-Bringen von Fragen und Forschungszielen viele Sitzungen lang auf Trab. Dabei orientierten wir uns, wo es uns möglich war, an den Ratschlägen erfahrener empirischer SozialforscherInnen wie Friedrichs, Mayntz, Noelle-Neumann & Co. Leider nicht immer...

So waren wir eigentlich aus der Literatur gewarnt: „Fassen Sie sich kurz!". Aber übereifrig darauf bedacht, möglichst zu vielen verschiedenen Themenkomplexen Antworten zu erhalten, schrieben wir diesen wichtigen Ratschlag in den Wind. Das Resultat: Ein 14seitiger Fragebogen, der – so die heutige Erfahrung – viel zu lang war und wahrscheinlich den einen Adressaten oder die andere Adressatin vom Beantworten abhielt. Wir unterlagen der „Verführung" des Fragebogens auch deshalb, weil die Misere der Hochschulen sprichwörtlich Thema des Tages war. Allerorten wurde über Überfüllung, Studiengebühren, Bummelantentum und Akademikerarbeitslosigkeit diskutiert.

Zum Glück brauchten wir das Rad nicht vollkommen neu zu erfinden, sondern trugen wie von Friedrichs (1985, S. 210) vorgeschlagen einerseits unsere Ideen zum Fragebogenaufbau, zu Fragetypen und -inhalten in einem Brainstorming zusammen und griffen andererseits auf Fragen und Instrumente vorliegender Fragebogen zurück. Die Übernahme von häufiger angewandten Fragen macht übrigens nicht nur aus Gründen der Fehlervermeidung, Arbeits- und Zeitersparnis Sinn. Sie eröffnet überhaupt erst Vergleichsmöglichkeiten mit anderen Studien.

Als erstes legten wir den Aufbau unseres Fragebogens fest: Er ist prinzipiell chronologisch konzeptioniert, was der Logik von Lebensläufen entspricht, die fast jeder Erwachsene in seinem Leben schon einmal verfasst hat. Diese Strukturierung sollte dem Befragten vertraut sein und somit das Ausfüllen des Fragebogens erleichtern. Unser Fragebogen untergliederte sich dementsprechend in folgende vier Themenschwerpunkte:

A: Hochschulzugang und Studienentscheidung

B: Studiensituation und -alltag

C: Zukünftige berufliche Erwartungen

D: Sozialdemographische Daten

Sozusagen zum Aufwärmen stehen zu Beginn des Fragebogens Frage(batterie)n zum derzeitigen Studienort, -gang, -phase etc.. Fragen also, die eigentlich schnell und leicht zu beantworten sind. Eine solche Frage stellt unsere A 13 dar:

Abb. 3.1: Auszug aus unserem Fragebogen

A 13. In welchem Land haben Sie die Hochschulzugangsberechtigung erworben?

1 =>	Baden-Württemberg	O
2 =>	Bayern	O
3 =>	Berlin-Ost	O
4 =>	Berlin-West	O
5 =>	Brandenburg	O
6 =>	Bremen	O
7 =>	Hamburg	O
8 =>	Hessen	O
9 =>	Mecklenburg-Vorpommern	O
10 =>	Niedersachsen	O
11 =>	Nordrhein-Westfalen	O
12 =>	Rheinland-Pfalz	O
13 =>	Saarland	O
14 =>	Sachsen	O
15 =>	Sachsen-Anhalt	O
16 =>	Schleswig-Holstein	O
17 =>	Thüringen	O
18 =>	Ausland	O

Da die Hochschulzugangsberechtigung gewöhnlich nur einmal und nur in einem Land erworben wird, dürfte es kaum Schwierigkeiten bereiten, die zutreffende Antwortkategorie zu markieren. Noch dazu, wo jede mögliche Antwort schriftlich vorgegeben oder – methodisch formuliert – die Frage geschlossen gestellt wurde. *Geschlossene Fragen* werden – wie andere Fragetypen auch – durch die Art der Antwortvorgabe klassifiziert. Bei geschlossenen Fragen werden alle möglichen (oder interessierenden) Antworten von den Fragebogen-KonstrukteurInnen ausformuliert und vorgegeben. Dies ist natürlich nur dann machbar, wenn wir einen umfassenden Kenntnisstand über die möglichen Antworten besitzen wie im obigem Beispiel. Einfach zu beantworten ist diese Frage auch deshalb, weil sie sich auf einen konkreten

Sachverhalt bezieht. Da dieser Fragetyp – inhaltlich gesehen – auf die Ermittlung von Fakten abzielt, wird er als *Faktfrage* bezeichnet.

Da uns aber nicht nur konkrete Fakten interessierten, sondern ebenso persönliche Einstellungen, Motive oder Werthaltungen der Studierenden, verwendeten wir in unserem Fragebogen auch andere Fragetypen wie die sogenannte *Meinungsfrage.* Dass es für die Aufnahme eines Studiums oder die Wahl eines Studienganges verschiedene Gründe gibt, ist nicht zuletzt aus der Bildungsforschung bekannt (vgl. Abele 1995, Bargel/Ramm 1995). Aufgrund der vorhandenen Erkenntnisse war es nicht notwendig, eine *offene Frage* (ohne jedwede Anwortvorgabe) zu stellen wie beispielsweise „Was waren Ihre Gründe für die Aufnahme des Studiums?"

Statt dessen war es sinnvoller, auf das vorhandene Wissen und damit auf die typischen Unterscheidungen nach intrinsischen und extrinsischen Motiven zurückzugreifen. Hätten wir nun die Studierenden aber allgemein gefragt, ob sie extrinsisch oder intrinsisch motiviert wären, hätten sicherlich viele den Fragebogen beiseite gelegt, weil sie mit den beiden Fachbegriffen zu wenig hätten anfangen können. Dies war selbstredend zu vermeiden. Deswegen mussten diese beiden Motivtypen übersetzt (oder anders formuliert: *operationalisiert*) werden. Und zwar in Antwortvorgaben (sprich: *Items*), die möglichst für jeden verständlich waren. Ein Arbeitsgang, für den es keine wissenschaftlich ausgearbeiteten Prinzipien gibt, sondern der zumeist auf Erfahrungsregeln basiert. Gängige Erfahrungsregeln lauten zum Beispiel:

- Sich verständlich ausdrücken.
- Suggestive und stereotype Formulierungen vermeiden.
- Auf den Bedeutungsgehalt von Begriffen achten.

Hier unser Ergebnis:

Abb. 3.2: Auszug aus unserem Fragebogen

A 22. Warum haben Sie sich für Ihren jetzigen Studiengang entschieden?

1 => sehr wichtig
2 => wichtig
3 => teilweise wichtig
4 => fast unwichtig
5 => ganz unwichtig

Ich habe mich für meinen jetzigen Studiengang entschieden, weil	1	2	3	4	5
– er mich besonders interessiert, und ich mehr über die Fächer erfahren wollte					
– er meinen Neigungen und Begabungen entspricht					
– ich als Absolvent (als Absolventin) dieses Studienganges besonders gute berufliche Entwicklungsmöglichkeiten erwarte					
– ich als Absolvent (als Absolventin) dieses Studienganges besonders gute Verdienstmöglichkeiten erwarte					
– der Arbeitsmarkt für diesen Studiengang gut erschien					
– die Studiendauer in diesem Fach nicht so lang ist					

An dieser Fragebatterie zu Studienmotiven wird weiterhin ersichtlich, dass wir hier von der Möglichkeit Gebrauch gemacht haben, Skalen vorzugeben. Anhand solcher Skalen, die nach dem Sozialforscher Rensis Likert *Likert-Skalen* genannt werden, wird das Ausmaß der Zustimmung oder Ablehnung zu vorgegebenen Gründen erfasst. Die Fragebatterie enthält nämlich nicht nur mehrere Antworten, sondern die Antwortvorgaben sind abgestuft nach

1 = > sehr wichtig,
2 = > wichtig,
3 = > teilweise wichtig
4 = > fast unwichtig
5 = > ganz unwichtig.

Wir entschieden uns für diese fünfstufige Skala, weil sie unserer Meinung nach mit jeweils zwei Abstufungen bezüglich der Ablehnung bzw. der Zustimmung und einer neutralen Mitte ein breites Spektrum möglicher Varianten der Beantwortung abdeckt.

In Komplex B unseres Fragebogens kamen erstmals *Verhaltensfragen* zum Einsatz, also Fragen zum konkreten Tun der Befragten. Komplex B bildete das Herzstück des Fragebogens, indem wir uns der „Studiensituation und dem Alltag" der Interviewten widmeten. Hier wurden die Studierenden unter anderem auch gebeten, Stellungnahmen zur materiellen Ausstattung der Hochschulen, Betreuung durch die Lehrenden und zum „Klima" in ihrem Fachbereich abzugeben. Zusätzlich wurde ihr eigenes Studier- und Arbeitsverhalten thematisiert. Mit dieser Vorgehensweise sollte überprüft werden, ob zwischen Studierverhalten und Kritikäußerung ein Zusammenhang besteht – nach dem Motto „je mehr man selber tut, desto mehr erwartet man auch von Anderen".

Anhand von Verhaltensfragen kann man beispielsweise ablesen, ob sich Werthaltungen und Handeln der Befragten decken. Wenn beispielsweise jemand im Fragebogen ankreuzt, Ökologie sei ein überaus wichtiges Thema für ihn, aber anderseits angibt, seinen Müll nicht zu trennen, stellt sich die Frage, wie das miteinander zu vereinbaren ist. Oder wenn ein Studierender niemals eine Sprechstunde von DozentInnen besucht hat, aber angibt, DozentInnen legten in den Sprechstunden arrogantes Verhalten an den Tag, so ist auch diese Antwort mit Vorsicht zu genießen. Wir jedenfalls baten aus diesem Grund die Studierenden anzugeben, wie häufig sie in den letzten vier Wochen bzw. im letzten Semester im Anschluss und/oder außerhalb der eigentlichen Lehrveranstaltungen mit den ProfessorInnen gesprochen haben. Diesen Fragen, die auf die Häufigkeit der Kontakte abzielten, schlossen sich Fragen an, die die „Qualität der Sprechstunde" und damit auch die „der Lehre" erfassen sollten.

Anders als der Studierendenvertreter, der im Radio zu Wort kam und die Lehrenden an den Pranger stellte, mussten wir auch in diesem Teil erst einmal Kriterien (einzelne Fragen) entwickeln, die den Befragten zur Beurteilung der Lehrenden vorgelegt werden sollten. In diesem Zusammenhang stellte sich beispielsweise die Frage, wie sich „gute“ Lehre messen lässt. Gewiss nicht allein durch eine einzige Frage wie: „Meinen Sie, die Lehrenden sind gute Hochschuldidaktiker?“ Diese wäre für sich zu unspezifisch und abstrakt. Nein, hierbei war auf der Basis hochschuldidaktischer Erfahrungen nach Items zu suchen, die zum Lehren gehören.

Abb. 3.3: Auszug aus unserem Fragebogen

B 23. Wie fühlen Sie sich von Ihren Professoren und Professorinnen betreut?

1 => trifft voll zu
2 => trifft zu
3 => trifft teilweise zu
4 => trifft kaum zu
5 => trifft nicht zu

	1	2	3	4	5
– Sie fordern meine individuellen Fähigkeiten heraus					
– Sie sind aufgeschlossen für studentische Fragen					
– Sie überzeugen durch wissenschaftliche Kompetenz					
– Sie haben gute didaktische Fähigkeiten					
– Sie sind mit der Berufspraxis vertraut					
– Sie sind gut auf die Veranstaltungen vorbereitet					
– Sie haben Zeit für mich, wenn fachlicher Rat notwendig ist					
– Sie bemühen sich, externe Praktika zu vermitteln					
– Sie haben mir einen Job als Hilfskraft angeboten					
– Sie ermöglichen schnell einen Gesprächstermin					

In der Folge dieser Übersetzungen von allgemeinen Fragen in konkrete Kriterien entstanden sehr viele Frage(batterie)n zu Themen, die wiederum die Gestalt des Fragebogens maßgeblich mitbestimmten. Beim Aufbau des Fragebogens verfolgten wir dabei häufiger das didaktische Prinzip, „vom Allgemeinen zum Besonderen“ vorzugehen. Analog eines Trichters (vgl. Friedrichs 1985, S. 197) gestaltete sich die Reihenfolge der Fragen daher wie folgt: Zunächst wurde ganz allgemein gefragt, ob die Studierenden schon Prüfungen abgelegt hätten, ehe nach den Prüfungsergebnissen und dem Informationsstand der Leistungen gefragt wurde. Schließlich ging es ins Detail. So mussten die Studierenden ankreuzen, wie und von wem sie etwas über ihren Leistungsstand erfahren.

Im letzten Teil des Fragebogens haben wir schließlich *demographische Daten* erhoben, die zwar leicht zu beantworten sind, aber teilweise ungern beantwortet werden. So wurde beispielsweise die Frage nach dem durchschnittlichen Nettoeinkommen der Eltern von 14% der Studierenden nicht beantwortet. Hierbei bleibt allerdings offen, ob die „Verweigerung“ auf Unwissenheit oder Unwillen zurückzuführen ist. Die letzte Seite des Fragebogens enthielt zwei offene Fragen für Anmerkungen und Kommentare und gehört nicht zuletzt zum freundlichen Ton, den man gegenüber den Interviewten einschlagen sollte, da sie uns unterstützen.

3.1 Von Bedenken, die zu Denken geben: Pretests

Bei der Konstruktion von Fragebogen spielen Erfahrungen eine bedeutsame Rolle, weil hierzu kein klar umrissener, allgemein anerkannter Wissenskanon existiert. Um so notwendiger ist es, den Fragebogen zu testen. Bei derartigen Pretests werden Personen ausgewählt, die den Fragebogen probehalber ausfüllen, um mit ihrer Hilfe im Vorfeld der Erhebung Ungereimtheiten auszuräumen.

Wir führten insgesamt drei Testläufe durch. Hierfür wählten wir Studierende der ausgewählten Fachbereiche aus. Beim ersten Durchgang wurde der Fragebogen-Entwurf fünf Studierenden des Maschinenbaus zum Ausfüllen, Lesen und Kommentieren vorgelegt. Diese führten eine Gruppendiskussion über den Fragebogen und seine Inhalte, die wir mit einem Cassettenrecorder aufnahmen, um die Ergebnisse möglichst exakt festzuhalten. Die Anforderungen an die Studierenden waren in dieser ersten Testphase sehr komplex, lauteten ihre Aufgaben doch, beim Ausfüllen des Fragebogens gleichzeitig den Aufbau des Fragebogens auf Schlüssigkeit gegenzulesen, sämtliche Frageformulierungen auf ihre Adäquanz, Stimmigkeit bzw. Suggestibilität zu überprüfen. Darüber hinaus sollten sie Auskünfte über die Motivation geben, diese oder jene Frage (nicht) zu beantworten.

Als nächstes wurde ein weiteres Fragebogen-Gespräch mit Pädagogik-Studierenden anberaumt. Aufgrund der vorherigen Erfahrung, zu vieles auf einmal abdecken zu wollen, wurde die Aufgabenstellung für die Testpersonen jedoch eingegrenzt. Diesmal standen vornehmlich die Verständlichkeit der Fragen und die dazugehörigen Anweisungen zum Ausfüllen auf dem Prüfstand. In dieser Phase wollten wir testen, inwieweit die Studierenden den Fragebogen ohne zusätzliche Kommentare unsererseits korrekt ausfüllen konnten. Dies war notwendig, weil bei einer schriftlichen Befragung die Möglichkeit nachzufragen, nicht gegeben ist.

Schließlich gab es noch eine dritte Sitzung mit TeilnehmerInnen eines sozialwissenschaftlichen Methoden-Seminars, in dem gleichermaßen Studierende der Pädagogik wie der Sozial- und Wirtschaftswissenschaften vertreten waren. In diesem gingen die Studierenden den Fragebogen Punkt für Punkt durch und diskutierten über den Bedeutungsgehalt von Fragen und Begriffen, über fehlende bzw. überflüssige Antwortvorgaben sowie über die Verständlichkeit von Frage- und Antwortformulierungen. Obwohl die Gruppe im Schnitt eine Stunde zum Ausfüllen des Fragebogens benötigte, monierte sie im Seminar (welch Wunder aber auch) nicht die Länge. Irrtümlicherweise nahmen wir daher an, hier keine Veränderungen vornehmen zu müssen.

Inhaltlich gesehen wurden im Verlauf der Pretests vor allem unsere Grenzen sichtbar. Dachten wir doch vorab, wir hätten uns nach vielen, vielen Diskussionen im Fragebogen meistens kurz, verständlich und eindeutig ausgedrückt, wurden wir jetzt eines Besseren belehrt. Die Frage, „Was ist denn hiermit gemeint?“ tauchte bei den Pretests mehr als einmal auf. Ein Problem, das sich auch bei scheinbar ganz einfachen Begriffen auftat. „Hausarbeit“ beispielsweise ist nicht gleich „Hausarbeit“ – und auch nicht bei einer vermeintlich homogenen Gruppe wie Studierenden. Dabei geht es nicht um das „Teekesselchen“ „Hausarbeit“ im familiären Bereich und „Hausarbeit“ im universitären Bereich, sondern allein um gravierende fachkulturelle Deutungsdifferenzen. Unterschiede jedenfalls, auf die wir am Schreibtisch nie gestoßen sind. So verbirgt sich hinter dem Begriff „Hausarbeit“ für die Dortmunder Maschinenbau-Studierenden beispielsweise eine mehrsemestrig angelegte Studienarbeit, die von Studierenden unterschiedlicher Schwerpunkte gemeinsam zu verrichten ist und der Diplom-Arbeit vorausgeht. Dagegen verbirgt sich für Pädagogik-Studierende hinter dem Begriff „Hausarbeit“ Verschiedenes: Mal steht er für eine umfangreichere Seminararbeit, die schriftlich bei der DozentIn eingereicht wird, mal für ein kurzes Thesenpapier. Gemeinsames Kennzeichen dieser Hausarbeiten ist lediglich die schriftliche Form. Obwohl dieser Aspekt auf den ersten Blick vielleicht nebensächlich zu sein scheint, offenbart er die Tragweite der Schwierigkeit, einen allseits verständlichen Fragebogen zu verfassen und bedeutungsgleiche Formulierungen zu wählen. Letztgenanntes ist insbesondere mit Blick auf das Ziel der Vergleichbarkeit eine nicht zu unterschätzende Fehlerquelle.

Im Anschluss an die durchgeführten Pretests ersetzten wir uneindeutige, missverständliche -auch den Probanden unbekannte – Wörter durch alternative Begriffe. Es wurden auch ganze Fragen verworfen, neue formuliert, wieder getestet, umformuliert etc. Schließlich wurden auch die Anleitungen zum Ausfüllen gründlich überarbeitet.

3.2 Eine maßgeschneiderte Fragebogenform und nichts passte mehr

Der Aufbau eines Fragebogens hängt zwar in erster Linie von inhaltlichen Überlegungen ab, was aber nicht heißt, dass optische Aspekte keine Rolle spielen. Da eine ansprechende Optik das Erfassen bestimmter Fragen erleichtert, muss auch über sie nachgedacht werden. Überdies zeigt die optische Gestalt dem Befragten, ob er uns Mühen wert ist, wir ihn also als Subjekt ernstnehmen und nicht nur als Objekt einer Untersuchung betrachten.

Unserer Ansicht nach war jede Variante des Fragebogens, die wir den Studierenden bei den Pretests vorlegten, bestmöglich gestaltet. Mit den Änderungen jedoch, die wir in Folge der Pretests durchzuführen hatten, waren zwangsläufig auch Korrekturen an den „Maßen“ des Fragebogen verbunden. Eine Arbeit, die uns angesichts unseres dichtgedrängten Fragenkataloges jeweils vor neue Herausforderungen stellte. So wurden manche Fragebatterien beispielsweise durch sprachliche Präzisierungen länger und passten nicht mehr auf die vorgesehene Seite.

Unseren Fragebogen erstellten wir mittels eines Schreibprogramms am Computer. An dieser Stelle sei aus Gründen einer effizienten Fragebogen-Erstellung erwähnt, dass wir jede vorkommende Frageform in einer Vorlagen-Datei speicherten. Nach einer gewissen Zeit enthielt diese Datei ein breites Spektrum von Frageskeletten (sprich die nackten Umrisse von Fragen). Vorlagen folgender Art ersparten uns also jede Menge Arbeit und Zeit:

Abb. 3.2.1: Fragenskelett

1 => in sehr starkem Maße
2 => in starkem Maße
3 => in mittlerem Maße
4 => in geringem Maße
5 => in keinem Maße

	1	2	3	4	5
–					
–					
–					
–					
–					

Bei „Copy-and-Paste"-Manövern (sprich: Kopieren und Einfügen) mit nackten Skeletten unterliefen uns relativ wenig Fehler. Anders verhielt es sich aber, als wir die „Skelette mit Fleisch" versahen, also mit Antwort-Inhalten verbanden bzw. komplette Fragebatterien verschoben. Hierbei passierte es nämlich schnell, dass eine Frage unter- oder ein Begriff verloren ging bzw. Skalierungsvorgaben vertauscht wurden, wodurch Fragen sinnentstellt wurden. Zu diesem Zeitpunkt muss der Fragebogen erst recht mit der gleichen Aufmerksamkeit und Wachsamkeit gelesen werden, die man ihm zu Beginn der Konstruktionsarbeit schenkt. Das ist leichter gesagt als getan. Denn aufgrund der Vertrautheit mit der Struktur des Fragebogens, den Formulierungen etc. ließ die Konzentration zwangsläufig nach, und es wurde nicht mehr jedes Detail erfasst. Natürlich ist auch uns ein solcher Transformationsfehler unterlaufen. Bei unserer Frage D 12, die auf den höchsten erreichten Schulabschluss der Eltern abzielt, übernahmen wir eigentlich die Klassifikation des Deutschen Studentenwerkes, um die Vergleichbarkeit mit den Studentenwerk-Erhebungen zu ermöglichen. Bei den vielfach vorgenommenen Änderungen ging aber das Item „Fachhochschul-/ Hochschulabschluss" verloren. Ein Manko, das wir erst bei der Auswertung bemerkten. Wir konnten diesen Fehler nun nicht mehr beheben, so dass unsere Ergebnisse nur mit Abstrichen mit denen des Studentenwerkes vergleichbar waren.

3.3 Eine Zwischenbilanz: Wesentliches und scheinbar Nebensächliches

Weil sich unserer Ansicht nach das Erstellen von Fragebogen nicht in ein „natürliches“ Schema pressen ließ, sondern vielerlei Aspekte parallel zu beachten waren, fassen wir an dieser Stelle noch einmal diejenigen Erfahrungen zusammen, die wir als wesentlich erachten:

- Je mehr Wissen, desto konkreter die Antwortvorgaben. Wer aber schon alles vorher weiß, kann sich den Aufwand einer schriftlichen Befragung sparen.
- Fragebogen-Konstruktion ist Teamarbeit. Viele Augenpaare sehen mehr!
- Logische Regeln *und* optische Gesichtspunkte beim Fragebogenaufbau berücksichtigen!
- Nicht gleich mit der Tür ins Haus fallen! Bei dreisten Fragen an falscher Stelle landet der Fragebogen auf dem Altpapier.
- In der Fragebogenkürze liegt die Ausfüllwürze!
- „Finden Sie Kohl ungenießbar?“ ist keine Frage, sondern missverständlich, suggestiv oder sogar beides. Kohl ist schließlich nicht gleich Kohl!
- Manche Fragen brauchen Regieanweisungen.
- Mehrere Fehler-Suchläufe starten, weil Irren bekannterweise menschlich ist.

4. Vom unausgefüllten zum ausgefüllten Fragebogen

4.1 Fast wie Werbung: Anschreiben & Co.

Hätten wir den Studierenden einfach nur den Fragebogen zugeschickt, hätten diese sich wahrscheinlich gefragt, was sie damit anfangen sollten. Also formulierten wir ein ansprechendes Anschreiben. Damit dieses Schreiben alles Notwendige enthielt, orientierten wir uns an folgender Aufzählung nach Friedrichs (vgl. 1985, S. 238):

- Name und Adresse des Absenders (Institution und Name der Forscherin)
- Thema der Befragung
- Zusammenhang von Thema, Verwertungsziel und Interesse des Befragten
- Anonymität der Befragten
- Begründung für die Auswahl der Empfängerin
- Rücksendetermin
- evtl. Anreize für die Rücksendung.

Die Umsetzung der ersten Punkte ließ sich leicht bewerkstelligen. Auch leuchtete uns die Notwendigkeit ein, Anreize zu schaffen. Denn wir kannten alle ähnliche Situationen wie diese: Da erhalten wir in der einen Woche einen Fragebogen vom Versandhaus, in der nächsten einen von der Versicherung und tags darauf noch einen im Seminar. Alle drei legen wir erst mal beiseite, weil es ja Zeit hat und braucht, diese auszufüllen. Ehe wir uns versehen, sind die Fragebogen vergessen und der Rückgabezeitpunkt verstrichen. Also ab ins Altpapier damit. Anders verhält es sich jedoch, wenn wir einen Gutschein über 20 DM oder die Teilnahme an einer Verlosung in Aussicht gestellt bekommen. Ja, dann sind wir schon eher geneigt, den Fragebogen in der angegebenen Frist auszufüllen. Grund genug also, im Anschreiben mit einer Verlosung zu winken:

Universität Dortmund – HDZ – 44221 Dortmund

Telefon:
Sekretariat:
Telefax:

Ihre Nachricht vom: Mein Zeichen: Dortmund, den 1. Juni 1995

Liebe Studentin, lieber Student,

wir möchten Sie bitten, etwas Zeit zu erübrigen, um sich an einer Umfrage über Ihre Studien- und Lebenssituation zu beteiligen. Der beiliegende Fragebogen soll u.a. dazu beitragen, Veränderungsmöglichkeiten zu erarbeiten, die zur Verbesserung Ihrer Studienbedingungen beitragen sollen. Daher ist es allerdings wichtig, dass sich alle angeschriebenen Studierenden beteiligen.

Die Fragebogen-Erhebung findet gleichzeitig an der Universität und Fachhochschule in Dortmund statt. Es wird jede/r zweite Studierende befragt, die/der sich zu Beginn des Sommersemester 1995 an den Fachbereichen/Fakultäten Wirtschaftswissenschaften, Maschinenbau und Sozialpädagogik eingeschrieben hat. Das sind 5.000 Studierende. Der Fragebogen ist anonym, die Bestimmungen des Datenschutzes werden eingehalten. Falls Sie Fragen haben, richten Sie diese bitte an die o.g. Adresse. Auf der letzten Seite des Fragebogens können Sie uns zudem Hinweise und Anregungen geben und Kritikpunkte formulieren.

Damit keine unnötigen Portokosten entstehen, bitten wir Sie, *den Fragebogen bei einem der folgenden Pförtner abzugeben:*

- *Zentralpförtner Campus Nord*
- *Zentralpförtner Campus Süd*
- *Pförtner (Ehemalige PH)*
- *FH-Pförtner*
- *FH-Pförtner*

Ihr Fragebogen wird dann umgehend an uns weitergeleitet.

Mitmachen und eine Reise gewinnen

Wer mitmacht, kann übrigens tolle Preise gewinnen. Denn die ersten 2.000 Studierenden, die den ausgefüllten Fragebogen beim Pförtner abgeben, nehmen an einer Verlosung teil.

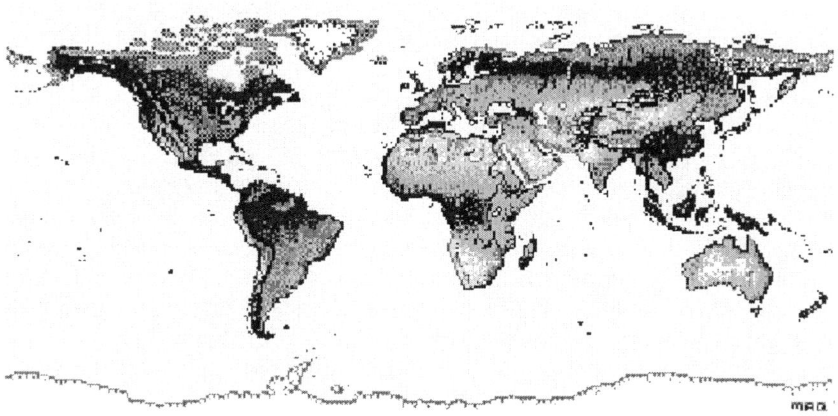

Und das sind die Preise:

1. Preis: Eine einwöchige Flugreise nach *Mallorca* für zwei Personen mit Übernachtung und Halbpension im Wert von 1.600 DM

2. Preis: Ein Wochenend-Ausflug nach *London* für zwei Personen mit zwei Übernachtungen (Busreise) im Wert von 800 DM

3. Preis: Ein Wochenend-Ausflug nach *Paris* für zwei Personen mit einer Übernachtung (Busreise) im Wert von 610 DM

4.-10 Preis: Je ein Büchergutschein im Wert von 30 bis 50 DM

10.-20. Preis: Je ein Gutschein für ein Rhetorik-Seminar

Die Verlosung findet am 12. Juli statt. Unmittelbar danach werden die Preisträgerinnen und Preisträger benachrichtigt, damit dem Reiseantritt nichts im Wege steht.

Wir bedanken uns für Ihre Mitarbeit und freuen uns sehr darauf, Ihren Fragebogen entgegenzunehmen.

Mit freundlichen Grüßen

Bei unserer Verlosung gab es Preise im Wert von insgesamt 3.500 DM zu gewinnen. Dieser Betrag war aber gut angelegt, weil er dazu beitrug, den Rücklauf zu erhöhen. Diesen Betrag hatten wir allerdings nur deshalb zur Verfügung, weil wir ihn sozusagen aus der „Porto-Kasse" genommen hatten. Wir fügten nämlich den Fragebogen nur unfrankierte Rückumschläge bei, um das Porto zu sparen. Damit die Fragebogen aber auf unseren Schreibtischen landeten, baten wir die Studierenden alternativ, die Fragebogen an „Sammelstellen" auf dem Unigelände abzugeben, an denen sie eigentlich hätten vorbei kommen müssen.

Zusätzlich heckten wir aber noch weitere Maßnahmen aus, um die Studierenden zum Antworten zu motivieren. So besuchten wir zwei Wochen lang sämtliche für die Zielgruppe relevanten Vorlesungen und Seminare. Eine Aktion, die von fast allen Lehrenden der sechs Studiengänge unterstützt wurde. Sie räumten uns jedenfalls in ihren Veranstaltungen Zeit und Raum ein, um ein persönliches Wort an die Studierenden zu richten. Bei dieser Tour über den Campus nutzte ein Teil der Studierenden die Gelegenheit, um Fragen zur AuftraggeberIn, zur Anonymität oder den Zielen der Untersuchung zu stellen. Außerdem gaben wir noch eine Pressekonferenz, um auch diejenigen Studierenden zur Teilnahme zu animieren, die nicht am Campus präsent waren. Sowohl die Universitäts-, die Studierenden- als auch Lokalzeitungen veröffentlichten im Anschluss an die Pressekonferenz wohlwollende Berichte über unser Vorhaben.

4.2 Am laufenden Band: Vervielfältigung und Versendung

Bei der Vorbereitung der Versandaktion nahm die Kopfarbeit ab, die Handarbeit hingegen zu. Zunächst gaben wir unseren Fragebogen in die universitätseigene Hausdruckerei, die ihn samt dem von uns verfassten Anschreiben 4.700mal vervielfältigte. 4.570 Exemplare sollten schließlich verschickt werden. Die 130 zusätzlichen Exemplare legten wir für neugierige JournalistInnen, andere Interessierte sowie für spätere Auswertungsschritte (sozusagen zum Nachblättern) zurück.

Als wir die Fragebogen von der Druckerei abholten, wurde uns erstmals das tatsächliche Ausmaß des nächsten Arbeitsschrittes bewusst. Nicht zuletzt deshalb, weil die Fragebogen gleich mehrere Wäschekörbe füllten, und sich überdies vor unserem Büro allein zwei Umzugkartons mit den in der Materialstelle angeforderten Briefumschlägen stapelten.

Spätestens jetzt war es allerhöchste Zeit, die MitarbeiterInnen der universitären Poststelle von unserem Forschungsvorhaben in Kenntnis zu setzen, damit auch sie sich auf den bevorstehenden beträchtlichen Mehraufwand einstellen konnten. Bevor die Fragebogen jedoch aus den schon erwähnten Datenschutzgründen über die Verwaltung zur Poststelle gelangten, hatten wir noch einiges zu tun.

Als erstes versahen wir jeden einzelnen Fragebogen mittels einer Paganiermaschine mit einer (fortlaufenden) Nummer, damit wir beim Rücklauf „beobachten" konnten, wer geantwortet und wer nicht geantwortet hatte. Natürlich konnten wir aufgrund des Datenschutzes keine unmittelbaren Beobachtungen anstellen. Die Beobachtung geschah über den „Umweg" Verwaltung. Hierfür bereiteten wir eine Liste vor, die jede Fragebogennummer (1-4.570) enthielt. In der Phase des Rücklaufs wurde in diese Liste jeder Fragebogen, der bei uns einging, anhand seiner Nummer abgetragen. Die Hochschulverwaltung wiederum erstellte parallel eine Datei, in der jeder Nummer ein Name zugeordnet wurde. So konnte sie herausfinden, welche Person sich hinter der Nummer befand. Wie diese Person die Fragen beantwortet hatte, wusste sie hingegen nicht, da sie die ausgefüllten Fragebogen nie zu Gesicht bekam.

Zudem baten wir die Verwaltung, in eine Übersicht absolute Zahlen zu relevanten Merkmalen der Grundgesamtheit (FH/Universität, Geschlecht, Semesterzahl) einzutragen. Diese Übersichten erhielten wir in zweifacher Ausführung: Die eine informierte uns über die Grundgesamtheit, die andere über denjenigen Teil der Grundgesamtheit, der angeschrieben worden war. Sie bildeten später den Grundstein, um die Qualität der Stichprobe zu überprüfen.

Der Numerierung der Fragebogen folgte ein weiterer Stempel-Marathon: Wir versahen 4.600 Briefumschläge mit dem Vermerk „Info-Post" und 9.200 Briefumschläge mit der Adresse unseres Instituts. Darüber hinaus steckten wir die Fragebogen mit den Anschreiben und an uns adressierten Rückumschlägen in für den Versand vorbereitete Umschläge. Eine Aktion, die sich übrigens über mehrere Tage erstreckte.

Während der zeitintensiven, manuellen Arbeitsgänge hatten wir ausreichend Gelegenheit, uns Gedanken über die Höhe des Rücklaufs bzw. zur Rücklaufquote zu machen, also über den Anteil der zurückkommenden Fragebogen an den insgesamt versandten Fragebogen. Hierüber schlossen wir Wetten ab, wobei der pessimistischste Tip bei 10% und der optimistischste bei 80% lag.

Nachdem die Fragebogen von der Verwaltung versandt worden waren, machten wir uns regelmäßig auf den Weg zu den Zentralpförtnern, um die eingegangenen Fragebogen abzuholen. Zwei Wochen nach dem Fragebogenversand ließen wir die benötigte Anzahl Erinnerungspostkarten drucken und versenden. Die Resonanz auf dieses Erinnerungsschreiben war mager, weshalb wir von einer weiteren „Mahnung" absahen.

4.3 Davon kann man nie genug kriegen: Der Rücklauf

Die Beobachtung des Rücklaufs ist eine spannende Angelegenheit, nicht nur, wenn man auf einen Wettgewinn hofft. Von den 4.570 versendeten Fragebogen bekamen wir 1.430 zurück, was einer Rücklaufquote von 31,3% entspricht. Dass also nur ein Teil der Studierenden antwortete, wirft Fragen auf. Während wir in der Methodenliteratur massig Vorschläge zur Erhöhung der Rücklaufquote fanden, fehlten uns hingegen Aussagen, wie die Daten bei unvollständigen Rückläufen zu bewerten und zu handhaben sind.

Wie schon in Kapitel 2 beschrieben, wurden die angeschriebenen Studierenden so ausgewählt, dass ihre Aussagen möglichst auf eine größere Menge von Studierenden (die Grundgesamtheit) übertragbar sind. Angesichts der Tatsache, dass viele Studierende nicht antworteten, stellte sich an dieser Stelle erneut die Frage nach der Verallgemeinerbarkeit der Ergebnisse. Was, wenn beispielsweise ein Zusammenhang zwischen Beteiligung und abgefragten Aspekten bestand? Konnte da nicht ein Untersuchungsergebnis extrem verfälscht werden? Denkbar wäre ja, dass nur „unzufriedene" Studierende ihre Fragebogen zurückbrachten, wodurch ein schiefes Bild von der Situation der Studierenden entsteht. Es liegt aber leider in der Natur der Dinge, dass wir nicht wissen, ob die Studierenden, die sich nicht an der Befragung beteiligten, entscheidend anders geantwortet hätten.

Das Problem ließ sich eigentlich nicht lösen, aber wir versuchten wenigstens, uns der Sache anzunähern. Und zwar anhand derjenigen Merkmale, die wir kannten. Da wir – wie in Abschnitt 2 schon beschrieben – Übersichten über die Grundgesamtheit und den angeschriebenen Teil derselben eingeholt hatten, verfügten wir zumindest über Daten zu Institution, Studiengang, Geschlecht und Semesterzahl. Diese Daten ermöglichten es uns, in einem ersten Schritt die Stichprobe der angeschriebenen Personen mit den antwortenden Personen zu vergleichen. In einem zweiten Schritt stellten wir die antwortenden Personen der Grundgesamtheit gegenüber.

Für die Analyse des Verhältnisses von angeschriebenen zu antwortenden Personen bildeten wir Rücklaufquoten, die beispielsweise bezüglich der Universität um die 30% lagen:

Tab. 4.3.1: Rücklaufquote Universität

Rücklaufquoten Universität Dortmund				
		angeschrieben	geantwortet	Rücklaufquote
Wirtschaftswissenschaften		1244	411	33,0%
davon	männlich	891	268	30,1%
	weiblich	353	143	40,5%
Maschinenbau		495	151	30,5%
davon	männlich	463	140	30,2%
	weiblich	32	11	34,4%
Erziehungswissenschaften		1306	398	30,5%
davon	männlich	352	75	21,3%
	weiblich	954	323	33,9%
Gesamt		3045	960	31,5%

Quelle: Datensatz „Studieren im Revier", HDZ, Dortmund

Anhand des Vergleichs der Rücklaufquoten verschiedener Teilgruppen ließ sich herausfinden, ob sich die eine oder andere Population mehr oder weniger an der Befragung beteiligte. In unserem Fall fielen die männlichen Pädagogikstudierenden durch eine verhältnismäßig geringe Rücklaufquote von 21,3% und die weiblichen Wirtschaftstudierenden durch eine verhältnismäßig hohe Rücklaufquote von 40,5% auf. Über die Bedeutung dieser Unterschiede konnten wir nur Mutmaßungen anstellen. Möglich war es beispielsweise, dass männliche Pädagogen weniger häufig antworten, weil sich in dieser Gruppe besonders viele Pro-Forma-Studenten befinden, die lediglich am Studentenstatus partizipieren wollen. Und vielleicht unterstützen weibliche Wirtschaftsstudierende häufiger Umfrageforschungen, weil sie sich selbst auf Marketing spezialisieren und Umfragen zu ihrem zukünftigen „Geschäft" gehören.

Wichtiger als der Vergleich zwischen angeschriebenen und antwortenden Personen war jedoch für uns der zwischen den Antwortenden und der Grundgesamtheit, da unsere Ergebnisse schließlich auf die Grundgesamtheit übertragbar sein sollten. Hierfür stellten wir die prozentuale Aufteilung der antwortenden Studierenden nach Studiengängen, Geschlecht und Semester der der Grundgesamtheit gegenüber. So ließ sich ablesen, inwieweit die Grundgesamtheit hinsichtlich dieser uns bekannten Merkmale durch die Stichprobe abgebildet wird.

Abb. 4.3.1: Aufteilung der Studierenden an der Universität auf die drei Fachbereiche

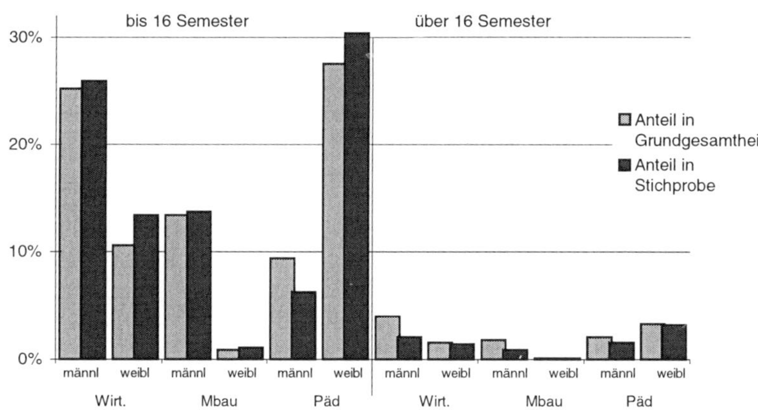

Insgesamt zeigt die Grafik, dass unsere Stichprobe – abgesehen von kleineren Abweichungen – ein ziemlich genaues Abbild der Grundgesamtheit bezüglich der ausgewählten Merkmale darstellt. Damit haben sich unsere Überlegungen und Bemühungen, eine repräsentative Auswahl zu treffen, augenscheinlich gelohnt.

5. Der Weg zum Datensatz

Wohin wir in unserem Büro jetzt auch sahen, überall stapelten sich Fragebogen. Wie aber sollten die darin enthaltenen Informationen in den Computer gelangen? Hierfür boten sich zwei Alternativen an: Einerseits die Ärmel hochzukrempeln und die Sache selbst in die Hand zu nehmen oder ein externes Erfassungsbüro damit zu betrauen. Gegen letzteres sprach Zweierlei: Erstens war es für uns zu teuer, zweitens befürchteten wir keinen Einblick in den Vorgang der Dateneingabe und damit ihrer „Qualität" zu haben. Damit war für uns entschieden, dass wir die Arbeit selber machen mussten. Diese gliederte sich in drei Schritte:

- Verkoden des Fragebogens
- Erstellen einer Datenmaske
- Eingeben der Daten

5.1 Eine Frage des Systems: Fragebogenkodierung

Beim Verkoden ordneten wir den einzelnen Fragen und Antworten verschiedene Zeichen, Zahlen oder Abkürzungen zu. Hierfür nahmen wir uns zunächst einen unausgefüllten Fragebogen zur Hand. In diesen trugen wir für jede Frage einen „Variablennamen" ein und für jede mögliche Antwort eine Nummer. Dabei orientierten wir uns am Aufbau des Fragebogens. So erhielt beispielsweise die erste Frage in Teil A als Variable die Bezeichnung „A1", die zweite „A2" usw. Da die Bezeichnungen mit denen im Fragebogen übereinstimmten, war es später leicht(er) zu erkennen, welche Frage sich hinter welchem „Variablennamen" verbarg.

Bei Frage A1 wollten wir von den Studierenden wissen, an welcher Hochschule sie studieren. Für die spätere Eingabe der Daten bestimmten wir, welche Zahlen für die in Variable A1 enthaltenen Antwortvorgaben einzugeben sind: Der Antwort „Universität Dortmund" gaben wir den Wert „1", der

Antwort „Fachhochschule Dortmund“ den Wert „2“, was natürlich nicht wertend gemeint war. Für den Fall, dass zu dieser Frage keine Angabe gemacht wurde, sahen wir den Wert „9“ vor.

Abb. 5.1.1: Verkodung Frage A1

A. Hochschulzugang und Studienentscheidung

1. An welcher Hochschule studieren Sie?		A 1
1 ⇒ Universität Dortmund	0	1
2 ⇒ Fachhochschule Dortmund	0	2
		keine Antwort = 9

Natürlich ließ sich dieses Kodierschema nicht auf alle Fragetypen gleichermaßen anwenden. Bei der offenen Frage A10 beispielsweise sollten die Befragten das Jahr eintragen, in dem sie die Hochschulzugangsberechtigung erworben haben. Wir beschlossen, als Kodierung jeweils die Zahl zu nehmen, die die Befragten eingetragen hatten. Für den Fall, dass diese Frage nicht beantwortet wurde, verwendeten wir diesmal die markante Zahl „999“, da diese weder vorkommen noch – so mir nichts dir nichts – durch einen Eingabefehler entstehen konnte.

Abb. 5.1.2: Verkodung Frage A10

10. In welchem Jahr haben Sie die Hochschulzugangsberechtigung erworben?	A 10
[19]	eingetragener Wert
	keine Antwort = 999

Unser Fragebogen enthält außerdem eine Reihe von Fragebatterien, in denen mehrere Fragen, die thematisch zusammengehören, gebündelt sind. So enthält der Block A9 eigentlich acht Fragen.

Die erste dieser acht Fragen lautete: Wenn während Ihres Studiums ein Wechsel erfolgte, wie wichtig waren Ihnen bessere Chancen auf dem Arbeitsmarkt? Diesen Grund sollten die Befragten anhand der Likert-Skala beurteilen. Ebenso verhielt es sich mit den anderen sieben Aussagen. Es war hier also nötig, jedem einzelnen Grund einen Variablennamen zuzuordnen. Um weiterhin anhand der Variablennamen nachvollziehen zu können, welche Frage sich dahinter verbirgt, gaben wir dem ersten Grund der Frage A9 den Variablennamen „A9_1“, dem zweiten „A9_2“ usw. Als Kodierung der möglichen Antworten verwendeten wir die vorgegebene Numerierung, also „1“ für „sehr wichtig“, „2“ für „wichtig“ usw. Für den Fall, dass bei einem Grund nichts angekreuzt wurde, sahen wir wieder den Wert „9“ für „keine Angabe“ vor.

Abb. 5.1.3: Auszug aus unserem Fragebogen

9. Wenn während Ihres Studiums ein Wechsel erfolgte, wie wichtig waren Ihnen die folgenden Gründe?

1 => sehr wichtig
2 => wichtig
3 => teilweise wichtig
4 => fast unwichtig
5 => ganz unwichtig

	1	2	3	4	5
– bessere Chancen auf dem Arbeitsmarkt					
– zu hohe Leistungsanforderungen im Studium					
– falsche Vorstellungen über das Studium					
– bessere Verwirklichung der fachlichen Neigungen					
– Numerus-Clausus-Gründe („Wartefach")					
– um schneller das Studium abzuschließen					
– persönliche Gründe/Veränderung der Lebenssituation					
– Formale Umbenennung					

Darüber hinaus berücksichtigten wir, dass Befragte womöglich bei keinem der Gründe auch nur ein einziges Kreuz machen. Um diese Nicht-Antworter von der späteren Analyse des Frageblocks möglichst einfach ausschließen zu können, kreierten wir eine zusätzliche Vorschaltvariable, hier bezeichnet mit „A9_V" (V = Vorschalt). Für den Fall, dass Befragte den ganzen Frageblock nicht ausgefüllt haben, sahen wir den Wert „0" vor, ansonsten den Wert „1".

Abb. 5.1.4: Verkodung Frage A9

9. Wenn während Ihres Studiums ein Wechsel erfolgte, wie wichtig waren Ihnen die folgenden Gründe?

1 => sehr wichtig
2 => wichtig
3 => teilweise wichtig
4 => fast unwichtig
5 => ganz unwichtig

A9_V
0 = nicht beantwortet
1 = beantwortet
1
2
3
4
5
9 = keine Angabe

	1	2	3	4	5	
– bessere Chancen auf dem Arbeitsmarkt						*A9_1*
– zu hohe Leistungsanforderungen im Studium						*A9_2*
– falsche Vorstellungen über das Studium						*A9_3*

Nicht nur bei Fragebatterien wie „A9" bildeten wir für „eine" Frage mehrere Variablen, sondern auch bei Fragen, bei denen mehrere der vorgegebenen Antwortkategorien angekreuzt werden konnten. Dies war beispielsweise bei „B16" der Fall, mit der wir bereits absolvierte Studienbestandteile erhoben.

Abb. 5.1.5: Auszug aus unserem Fragebogen

16. Welche im Rahmen der Studienordnung erforderlichen Studienbestandteile haben Sie bereits absolviert? (Mehrfachnennungen möglich)

1 => Keine	O
2 => Sprachkurs	O
3 => Praktikum	O
4 => Computerkurs	O
5 => Sonstige (bitte nennen)	O

....

Hierbei bildeten wir für jede Antwortvorgabe eine Variable. Die Antwortvorgabe „Keine" wurde zur Variablen B16_1, der „Sprachkurs" zu B16_2 usw. Die Befragten konnten bei jeder dieser Vorgaben ein Kreuz machen oder es bei Nichtzutreffen halt unterlassen. Dieses Ja-Nein-Antwort-Schema wurde von uns in 0 = „nicht angekreuzt", 1 = „angekreuzt" übersetzt. Auch für die Vorgabe „Sonstiges" sahen wir diese Art der Kodierung vor.

Unter „Sonstiges" sollten die Studierenden eintragen, welche Studienbestandteile sie neben den Vorgaben Sprachkurs, Praktikum und Computerkurs absolviert hatten. Es wurde vorgesehen, diese Angaben nach der Fragebogeneingabe zu notieren, um sie anschließend zu kodieren.

Abb. 5.1.6: Verkodung Frage B16

16. Welche im Rahmen der Studienordnung erforderlichen Studienbestandteile haben Sie bereits absolviert? (Mehrfachnennungen möglich)

1 => Keine	O	B16_1	1 = angekreuzt	0 = nicht angekreuzt
2 => Sprachkurs	O	B16_2	1 = angekreuzt	0 = nicht angekreuzt
3 => Praktikum	O	B16_3	1 = angekreuzt	0 = nicht angekreuzt
4 => Computerkurs	O	B16_4	1 = angekreuzt	0 = nicht angekreuzt
5 => Sonstige (bitte nennen)	O	B16_5	1 = angekreuzt	0 = nicht angekreuzt

....

Mit den gezeigten Kodierungsvarianten verschlüsselten wir Frage um Frage. Aus dem unausgefüllten Fragebogen entstand so ein Kodierplan.

5.2 Ein Zuhause für die Daten: Erstellung der Datenmaske

Anhand des Kodierplans kann jeder ausgefüllte Bogen als Zahlenkolonne dargestellt werden. Diese enthält bei uns als erstes die Nummer, mit der wir den Fragebogen vor dem Verschicken versehen hatten. An zweiter Stelle steht der zutreffende Wert für die erste Variable, dann der der zweiten Variable usw.

Als erstes ging bei uns Fragebogen Nr. 725 ein. Dieser war von einem Maschinenbau-Studenten der Universität ausgefüllt worden. Damit traf für ihn bei Variable A1 die Kodierung „1“ für Universität zu. Bei Variable A2, die die Studienrichtung erfasst, erhielt er eine „2“ für die angegebene Studienrichtung Maschinenbau. Die ersten drei Zahlen der Zahlenkolonne für diesen Befragten sind damit

725 1 2

Bei der Kodierung des Fragebogens kamen wir auf insgesamt 634 Variablen. Dementsprechend gibt es für jeden Befragten eine Zahlenkolonne mit 634 Werten.

Schreiben wir die Zahlenkolonnen aller 1430 Studierenden untereinander, so haben wir unsere Fragebogen in einen Datensatz umgesetzt. Nachfolgend ist ein Ausschnitt dieses Datensatzes dargestellt.

725	1	2	...
333	2	1	...
14	1	3	...
1230	1	2	...
.	.	.	.
.	.	.	.
.	.	.	.

Unseren Datensatz erstellten wir in SPSS. Bei der Wahl von „Daten“ unter dem Menüpunkt „Datei→Neu“ erscheint folgende leere Vorlage:

Abb. 5.2.1: Leeres Datenblatt in SPSS

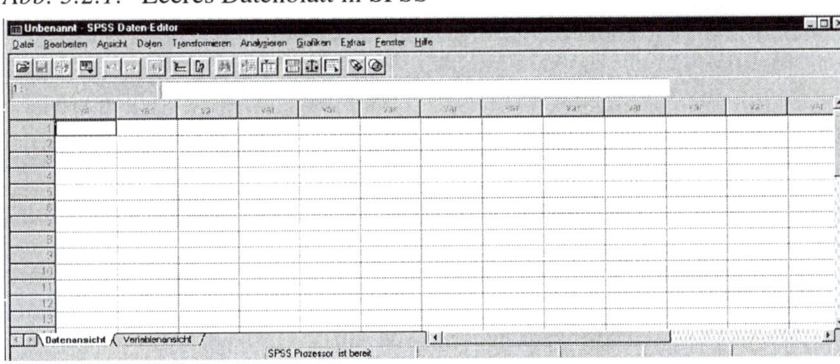

Diese Standard-Vorlage enthält zwei Tabellenblätter. Das vordere Blatt „Datensicht“ dient zur Aufnahme der zu untersuchenden Daten. In den weißen Feldern stehen nach der Dateneingabe die Zahlen des Datensatzes. Die grauen Felder auf der linken Seite zeigen eine laufende Nummer an.

Jeder Spalte dieser Vorlage ordneten wir eine Variable zu. Dazu wechselten wir auf das zweite Tabellenblatt "Variablensicht". Die Variable, die die Nummer des Fragebogens enthalten sollte, bekam die Bezeichnung „Nr.". Im weiteren Verlauf kam die im vorherigen Unterkapitel beschriebenen Kodierung des Fragebogens zum Einsatz. Zur Erinnerung: in unserem Kodierungsplan wurde die erste Frage des Fragebogens zur Variablen A1. Entsprechend ordneten wir der zweiten Spalte die Variable A1 zu. Bei der Bezeichnung der Spalten orientierten wir uns an der Reihenfolge der Variablen in unserem Fragebogen. Unsere Datenmaske erhielt damit folgendes Äußeres:

Abb. 5.2.2: Eingabemaske in SPSS

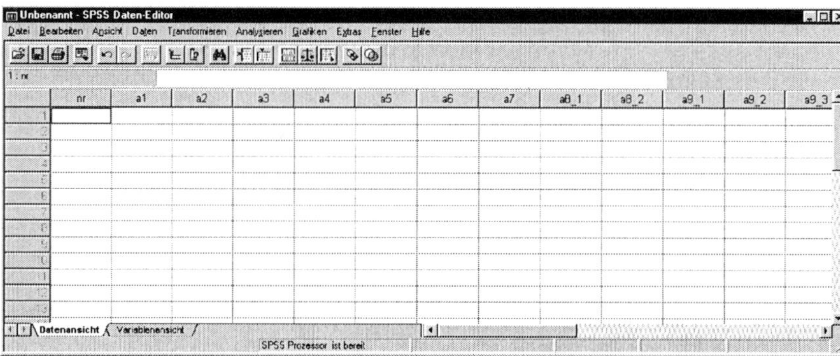

Bevor wir jedoch mit der Dateneingabe anfingen, veränderten wir im Variablenblatt je nach Gestalt der einzugebenden Daten die von SPSS vorgegebenen Voreinstellungen zu den Variablen. So ist die Fragebogennummer in der Tat "nummerisch", aber die zwei Nachkommastellen werden nicht gebraucht. Der Wert in der Spalte Dezimalstellen wird entsprechend auf "0" angepasst.

In den darauf folgenden Spalten sind „Variablenlabel" und „Wertelabel" gefragt. Das Labeln (vergeben von Labeln) ist vergleichbar mit dem Ettikettieren von Marmeladengläsern. Kleben wir ein Ettikett auf das Glas, wissen wir trotz gleicher Farbe, ob wir jetzt Himbeer- oder Erdbeermarmelade vor uns haben. SPSS unterscheidet zwischen Variablen-Label und Werte-Label. Variablen-Label geben bildlich gesprochen die Marmeladen-Sorte an, Werte-Label beziehen sich auf die Qualität. Für die Variable A1 haben wir zum Beispiel als Variablen-Label die Bezeichnung „Hochschulart" eingegeben. Nach unserem Kodierungsplan kamen für diese Variable die Werte „1" für Universität, „2" für Fachhochschule und „9" für keine Angabe in Frage. Deshalb wurden als Werte-Label genau diese Bezeichnungen vergeben: Den Wert „1" versahen wir mit dem Label „Universität", den Wert „2" mit dem Label „Fachhochschule" usw.

Angaben im Feld „Fehlende Werte“ führen dazu, dass diese Variablenausprägungen aus allen Analysen herausgenommen werden. Welche Auswirkungen das auf spätere Untersuchungen hat, zeigen wir im nächsten Kapitel auf.

Von großer Bedeutung ist noch das „Messniveau“ einer Variablen. Je nachdem, ob eine Variable „metrisch“, „ordinal“ oder schlicht „nominal“ beschrieben wird, können verschiedene statistische Verfahren angewandt oder müssen Auswertungen anders dargestellt werden.
Für die ersten zwei Variablen ergab sich folgendes Bild:

Abb. 5.2.3: Variablendefinition in SPSS

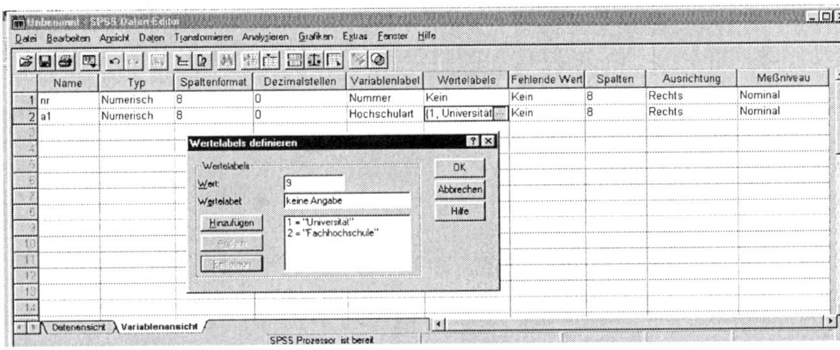

Genauso verfuhren wir mit allen anderen Variablen. Jetzt stand der Dateneingabe nichts mehr im Wege oder?

5.3 Einzug der Daten: Dateneingabe und Fehlerbereinigung

Wer aber von uns sollte die Daten eingeben? Nein, es wurden keine Würfel geworfen, vielmehr mussten die Hilfskräfte dran glauben. Stund um Stund saßen sie fortan an dem uns zur Verfügung stehenden PC und gaben die Daten ein. Hierfür wurde jeder Fragebogen einzeln in die Hand genommen und die darin gemachten Angaben anhand der vorgegebenen Kodierung in die Felder der Datenmaske übertragen.

Trotz unseres genauen Kodierungsplanes traten bei der Eingabe ab und zu Unklarheiten auf. Diese wurden gemeinsam besprochen und eine Vorgehensweise beschlossen. So kam es zum Beispiel vor, dass bei einer Frage mit fünf vorgegebenen Wichtigkeitsstufen sowohl „nicht wichtig“ (4) wie auch „teilweise wichtig“ (3) angekreuzt worden war. In diesem Fall entschieden wir, hierfür die „9“ für „keine Angabe“ einzugeben. Bei der Frage B18 sollten die Studierenden angeben, mit wievielen Lehrenden sie in den letzten vier Wochen gesprochen hatten. Hierbei wurde manchmal an Stelle einer Zahl in das vorgesehene Feld ein Kreuz gemacht. Da das Kreuz immerhin anzuzeigen schien, dass Studierende mit Lehrenden gesprochen hatten, beschlossen wir, es vorerst als Information zu berücksichtigen. Deshalb legten wir für „angekreuzt" einen neuen Kodierungswert („88") fest. Über derlei Vorkommnisse führten wir ausführlich Protokoll.

Abb. 5.3.1: Ausschnitt unseres Datensatzes in SPSS

	nr	a1	a2	a3	a4	a5	a6
1	725	1	2	90	10	2	11
2	333	2	1	90	10	2	12
3	14	1	3	91	8	2	10
4	1230	1	2	84	22	9	999
5	600	1	2	93	4	1	9

Beim Eingeben stießen wir natürlich auch auf die von uns kreierten Vorschaltvariablen. Mit diesen konnten wir uns die Eingabe etwas erleichtern. In den Fällen, in denen ein Studierender bei einem Frageblock keine Angaben gemacht hatte, trugen wir der Kodierung folgend eine „0" für die Vorschaltvariable ein. Die manuelle Eingabe für die fehlenden Angaben im Frageblock selber haben wir uns dann erspart und konnten direkt mit der Eingabe der nächsten Frage(batterie) weitermachen. Nachträglich ließen wir für die fehlenden Eingaben mit Hilfe des Programmes „9'en" eintragen.

Gegen Ende verkodeten wir einige „offene" Fragen nachträglich. Bei Frage B16 beispielsweise hatten wir bei der Eingabe lediglich vermerkt, dass unter „Sonstiges" ein Eintrag war. Die Nummern dieser Fragebogen wurden jetzt ausgedruckt und die Bogen per Hand durchgesehen. Dabei schrieben wir die einzelnen Antworten heraus. Die gegebenen Antworten versuchten wir – so gut wie möglich – zu Gruppen zusammenzufassen. Für Gruppen mit vielen Nennungen wurde jeweils eine neue Variable kreiert. Selten auftretende Angaben wurden weiterhin in einer Variablen „Sonstiges" zusammengefasst.

Die alte Variable für „Sonstiges" wurde aus dem Datensatz entfernt. Statt dessen hängten wir die neuen Variablen B16_5 bis B16_9 an den Datensatz.

Da selbst die verläßlichste Person Fehler begeht, und die Antworten der Befragten nicht schlüssig sein müssen, war die Erstellung des Datensatzes mit der Eingabe nicht abgeschlossen. Zunächst unterwarfen wir jede eingegebene Variable einmal einer schlichten Häufigkeitszählung, um Antworten, die nicht vorkommen können, herauszufiltern. Wenn wir bei einer fünfstufigen Skala den Wert „6" fanden, konnte dies eigentlich nicht möglich sein, da als Antwortvorgaben nur die Werte „1" bis „5" und „9" (keine Angabe) vorgesehen waren. Traten Fehler auf, wurden die Fragebogen herausgesucht, die dort eingetragenen Werte mit der Eingabe verglichen und entsprechend korrigiert.

Tab. 5.3.1: Variablenzuordnung zur Frage B16

Angaben im Fragebogen	Häufigkeit	*Neue Variable*
Referate	49	*B 16_5*
Prüfungsvorleistungen (Leistungsnachweise, Konstruktionsaufgabe usw.)	34	*B 16_6*
		usw.
Exkursionen	7	*Sonstiges:*
Hausarbeiten	5	*B 16_9*
Propädeutika	3	
etc.		

Durch Kombination von Variablen, die einander ausschließende Aussagen enthielten, überprüften wir außerdem die Plausibilität der Daten. Ein klassisches Beispiel für einander ausschließende Angaben ist der „schwangere Mann“. Bei uns bot sich beispielsweise der Vergleich des Abiturjahrs mit der „angeblich“ absolvierten Semesterzahl an. Beim Auftauchen von Fehlern blieb uns wieder einmal nichts anderes übrig, als den Original-Fragebogen zur Hand zu nehmen. Beruhte der Fehler nicht auf der Eingabe, sondern auf der Angabe des Befragten, werteten wir die Fragen als nicht beantwortet.

Um einen Einblick in die Qualität des Datensatzes zu bekommen, wählten wir zufällig einige Fragebogen aus und verglichen die eingegebenen Zahlen mit denen im Fragebogen. Glücklicherweise stimmten bei uns die Antworten im Fragebogen mit den Eingaben überein.

6. Zahlen, Zahlen, Zahlen: Die Grundauswertung

Mit den Daten im Computer konnten wir zunächst genauso viel oder wenig anfangen wie mit den Fragebogen in den Aktenordnern. Sowohl anhand der Fragebogen als auch mit Hilfe des Computers konnten wir beispielsweise schnell nachschlagen, wie alt die „StudentIn" Nr. 478 ist. Ein Faktum, was uns als Einzelergebnis aber wenig sagte. Uns interessierten nämlich nicht so sehr die Antworten Einzelner, vielmehr wollten wir einen Überblick über alle Studierenden erhalten. Dazu führten wir eine Grundauswertung unserer Daten durch.

Bei einer solchen Grundauswertung wird ähnlich vorgegangen wie beim Erstellen einer Strichliste, wie sie uns von Wahlen zur KlassensprecherIn aus der Schulzeit in Erinnerung ist. Auf der einen Seite befinden sich die KandidatInnen (in unserem Fall entsprechend die vorformulierten Antworten) und auf der anderen Seite die Anzahl der Stimmen (bzw. die Information, wie oft eine Antwort gegeben wurde). Bei der Wahl einer KlassensprecherIn ist eine einfache Strichliste sicherlich ein gutes Instrument, um den Willen der SchülerInnen abzubilden. Was aber wäre, wenn die Forschungsgruppe Wahlen dem Fernsehpublikum die Bundestagswahl-Ergebnisse in Form von Strichlisten präsentierte? Die meisten ZuschauerInnen würden diese Häufung an Strichen sicher für eine Bildstörung halten. Strichlisten sind offensichtlich nicht geeignet, eine derartige Vielzahl an Stimmen und KandidatInnen sinnvoll zu handhaben. Zur Aufbereitung derartiger Auszählungen bieten sich daher Tabellen an.

In der Praxis gingen wir die Fragen in unserem Fragebogen der Reihe nach durch. Zu jeder Frage zählten wir die vorkommenden Antworten (eine Arbeit, die wir natürlich dem Computer überließen) und trugen die erhaltenen Ergebnisse in Tabellen ein. Mit diesen lag uns dann eine Grundauswertung unserer Daten vor.

Auch hierbei galt es wieder, Entscheidungen zu treffen. Wie sollten zum Beispiel die Tabellen aussehen? Über deren inhaltliche und optische Gestaltung ließ sich jedenfalls prima streiten. Wie folgende Variante zeigt, genügt es nämlich beileibe nicht, die Striche einer Strichliste durch Zahlen zu ersetzen:

Tab. 6.1: Die erste Tabelle unserer Auswertung

Info zu Leistungsstand				
	Wirt.	Mbau	Päd.	Gesamt
völlig	111	77	79	267
überwiegend	202	102	152	456
teilweise	183	66	163	412
kaum	74	21	102	197
nicht	22	5	37	64

Tabellen dieser Art verwirrten uns beim nächsten Hinsehen eher, als dass sie hilfreich waren. Weder war hier ersichtlich, was es mit den „Infos" und dem „Leistungsstand" auf sich hatte, noch wurde ein Maßstab gegeben, die Zahlen einzuordnen und zu interpretieren. Lagen dann, wie in unserem Fall, noch gleich mehrere solcher Tabellen auf dem Schreibtisch, war das Chaos perfekt. So kamen wir schnell überein, uns ein paar grundlegende Gedanken zum Tabellenaufbau zu machen.

Dabei war eine „schnelle Orientierung im Tabellenwald" unser Leitbild. Parallel versuchten wir, die Tabellen möglichst einheitlich zu gestalten. Was also gehörte unserer Meinung nach in jede Tabelle? Als notwendige Inhalte erachteten wir folgende Punkte:

- die Frage-Nummer aus dem Fragebogen (oder der Datenmaske)
- der vollständige Wortlaut der Frage sowie der Antwortvorgaben (soweit realisierbar)
- die Quellenangabe (schließlich ist man nie vor Datenklau gefeit).

Durch diese Angaben werden die Tabellen auf einen Blick identifizierbar. So erspart ein möglichst vollständig übernommener Fragentext lästiges Nachblättern im Fragebogen („Was war denn nun noch mal B 7_3?") und macht die Aussagen der Tabelle auch für Außenstehende (oder Personen mit schlechtem Gedächtnis) leichter nachvollziehbar.

Nach einigem Probieren und Diskutieren einigten wir uns auf die nachfolgende Tabellenform. In dieser waren nicht nur alle uns wichtigen formalen Informationen enthalten, sondern auch Zahlenwerte, die der angemessenen Orientierung und Interpretation dienen sollten.

Warum wir gerade diese Zahlen in die Tabellen aufnahmen? Natürlich wollten wir mit möglichst wenigen Zahlen möglichst viel über das Antwortverhalten aussagen. Zunächst waren da natürlich die *absoluten Zahlen* – also, um noch mal auf das Beispiel mit der Strichliste zurückzugreifen, die genaue Anzahl der Stimmen, die eine Kandidatin bei einer KlassensprecherInnenwahl erringen konnte. Um diese besser einordnen zu können, war es sinnvoll, sie in Verbindung mit *Prozentzahlen* darzustellen. Über den Prozentwert ließ sich schnell der Anteil der einzelnen Zahl an der *Gesamtheit* erkennen, die wir als Bezugsgröße ebenfalls mit angaben. Nur das Zusammenspiel von absoluten Zahlen, Prozentwerten und Größe der Untersuchungseinheit macht in unseren Augen Sinn und schützt vor allzu forschen (Fehl-)Interpretationen. Fehlt nämlich die eine oder andere Größe, wird leicht die Aussagekraft der Daten überschätzt. Besonders bei Prozentzahlen wird dies schnell ersichtlich. Man stelle sich etwa eine Vorlesung des Fachbereiches Philosophie vor, in der mit 25% ein Viertel der Zuhörerschaft verschiedenfarbige Socken trägt. Ein Ergebnis, das vollkommen dem gängigen Vorurteil von zerstreuten Intellektuellen entspricht? Nun, nicht ganz, denn in absoluten Zahlen waren gerade mal vier Studierende in der besagten Vorlesung, womit die „schönen" 25% zu einer einzigen StudentIn verblassen, die an diesem Morgen wohl mit dem falschen Fuß aufgestanden war.

Abb. 6.1: Tabellenmuster für unsere Grundauswertung

Fragen-Nr. **Fragen-Text** **Größe der Untersuchungseinheit**

B 6: Fühlen Sie sich über den Stand Ihrer Leistungen ausreichend informiert?

	Wirtschaft (592)		**Maschinenbau (271)**		**Pädagogik (533)**		**Gesamt (1396)**	
ja, völlig	18,8%	(111)	28,4%	(77)	14,8%	(79)	19,1%	(267)
ja, überwiegend	34,1%	(202)	37,6%	(102)	28,5%	(152)	32,7%	(456)
teilweise	30,9%	(183)	24,4%	(66)	30,6%	(163)	29,5%	(412)
kaum	12,5%	(74)	7,7%	(21)	19,1%	(102)	14,1%	(197)
überhaupt nicht	3,7%	(22)	1,8%	(5)	6,9%	(37)	4,6%	(64)

Quelle: Datensatz „Studieren im Revier", HDZ Dortmund

Quellenangabe **Antwortvorgaben** **Angaben in Prozent und absolute Werte**

Zusätzlich zur Angabe von absoluten Zahlen, Prozentwerten und der Größe der Untersuchungseinheit machten wir uns Gedanken über den Umgang mit fehlenden oder falschen Angaben (*missing values*). In unserer Frage D 19, in der die Studierenden ankreuzen sollten, ob es in ihrem Studiengang Hürden oder Studienbremsen gibt, machten beispielsweise 116 der 1430 Befragten keine Angaben. Diese 116 Studierende können nun auf verschiedene Art und Weise betrachtet werden.

Eine Möglichkeit besteht darin, die „missings" in die Berechnung der Prozentwerte einzubeziehen. Aus den 116 Studierenden werden dann 8,1%, die sich einer Antwort enthielten. Dies ist vermutlich die korrekteste Variante im Umgang mit Nicht-Antwortern. Sie führt aber dazu, dass die Prozentwerte zu den eigentlich interessanten Antworten kleiner werden. Ein weiterer Nachteil dieser Handhabung liegt in ihrer Unübersichtlichkeit. Durch Einbeziehung der „missings" kommen noch weitere neue Zahlen in die Tabelle, die gelesen und interpretiert werden wollen. Im vorliegenden Beispiel ist dies nicht weiter problematisch. Bei größeren Tabellen aber ist man über jeden Wert froh, der nicht zusätzlich verwirrt. Erst recht, wenn mehrere Tabellen betrachtet werden müssen.

Abb. 6.2: Gleiche Häufigkeiten unterschiedlich aufbereitet, mal mit mal ohne „missings“

D19: Gibt es in Ihrem Studiengang Hürden, Hindernisse oder Studienbremsen? (1430)

	Anzahl	%
Ja	781	54,6%
Nein	533	37,3%
Keine Angabe	*116*	*8,1%*

Quelle: Datensatz „Studieren im Revier“, HDZ Dortmund

D19: Gibt es in Ihrem Studiengang Hürden, Hindernisse oder Studienbremsen? (1314)

	Anzahl	%
Ja	781	59,4%
Nein	533	40,6%

Quelle: Datensatz „Studieren im Revier“, HDZ Dortmund

Vermeiden lassen sich diese Nachteile, indem man die „fehlenden Antworten“ gar nicht erst in die Prozentberechnung mit einbezieht und auch nicht ausweist, wie dies in der rechten Tabelle zu sehen ist. Natürlich birgt aber auch dieses Vorgehen ein Manko: So können unter Umständen wichtige Informationen verlorengehen. Denn eine hohe Zahl Nicht-Antworter kann beispielsweise ein Hinweis darauf sein, dass eine Frage missverständlich formuliert oder aber eine Information abgefragt wurde, die viele der Befragten nicht geben wollen, wie etwa bei einer Frage nach früher begangenen Straftaten. Es sollte also genau abgewägt werden, ob und wie mit Missings in der Auswertung umgegangen werden soll. Wir haben uns dafür entschieden, sie nur dann auszuweisen, wenn ihr Anteil auffallend hoch war. Als auffallend hoch definierten wir Werte oberhalb der 5%-Hürde.

Wie aber konnten wir nun mit Hilfe der benannten Größen (absolute Zahlen, Prozentzahlen etc.) Einsicht in die Daten gewinnen? Zunächst vergewisserten wir uns, auf wen wir es abgesehen hatten. Wir setzten uns also quasi beim Erstellen der Tabellen die „Forschungsrichtungsbrille“ auf und blickten nicht „nur“ auf den Datenberg als Ganzes, sondern fokussierten jene Teilbereiche, die wir aufgrund unserer Hypothesen von Anfang an in Augenschein hatten. Wir erstellten damit also zu jeder Frage nicht nur eine Tabelle, die auswies, wie die Gesamtheit eine Frage beantwortete, sondern zusätzliche (Unter-)Tabellen, die die gegebenen Antworten bestimmter Teilgruppen darstellten. Solche Teilgruppen waren in unserer Befragung durch die verschiedenen Studiengänge gegeben. Für diese erwarteten wir ein unterschiedliches Antwortverhalten, nach dem Motto: Pädagogikstudierende schauen Sonntagmorgens die Sendung mit der Maus, während Journalistikstudierende den (Fernseh-)Sonntag mit dem Presseclub einläuten.

Aufgrund der erwarteten Unterschiede wiesen wir im Rahmen unserer Grundauswertung die Antworten der Befragten also nach Studiengängen differenziert aus. In Programmen wie SPSS erfordert das rein theoretisch nur ein paar zusätzliche Einstellungen. Natürlich wird damit auch die Menge des Outputs, in unserem Fall also der Tabellen, größer. Allein durch die zusätzliche Berücksichtigung der drei Fachbereiche vervierfachte sich die Anzahl der Tabellen. Letztlich fand unsere Grundauswertung in einem Ordner Platz. Mit einer feineren Differenzierung der Grundauswertung ließen sich zwar mehr Ergebnisse finden, gleichzeitig erhöhte sich aber auch die Wahrscheinlichkeit, in der Zahlenflut zu versinken. So entschieden wir uns beispielsweise gegen eine weitere Unterscheidung der Antworten nach Geschlecht. Diese vertagten wir auf die spätere Datenanalyse zu ausgewählten Fragen.

Somit hatten wir festgelegt, für welche Teilgruppen Tabellen zu erstellen waren. Dabei mussten wir ziemlich schnell konstatieren, dass eine Tabellenform allein nicht ausreichte, um das Antwortverhalten für alle vorkommenden Fragen übersichtlich aufzubereiten. Vielmehr forderten unterschiedliche Fragetypen und Fragestellungen einen passenden Aufbau einzelner Tabellen.

Betrachten wir dazu einen Klassiker unter den Fragebogen-Fragen, bei uns unter D 2 zu finden: „Wie alt sind Sie?". Unsere Befragten waren zwischen 18 und 67 Jahren alt. Bei der einfachen Häufigkeitsauszählung ergab das 50 Ausprägungen mit zum Teil recht kleinen Besetzungszahlen, d.h. einzelne Altersangaben kamen selten vor. Da eine so detaillierte Darstellung für unsere Grundauswertung nicht notwendig war, klassifizierten wir die Angaben, das heisst, wir fassten die Antworten in Klassen zusammen.

Wie eine solche Einteilung auszusehen hat, liegt in erster Linie an der grundsätzlichen Fragestellung, mit der man die entsprechende Auswertung vornimmt. Wollen wir „nur" einen groben Überblick über das Datenmeer der Altersangaben oder geht es darum, die Vergleichbarkeit zu anderen Studien herzustellen? Je nach Blickrichtung empfehlen sich andere oder gegebenenfalls auch mehrere verschiedene Gruppierungen der Daten. Die Möglichkeit, Daten immer wieder neu zu klassifizieren, besteht natürlich nur, wenn die Originalvariable erhalten bleibt. Für die klassifizierten Daten kreierten wir deshalb jeweils neue Variablen.

Im hier vorgestellten Fall der Altersfrage haben wir die neue Variable „D2_klas"(-sifiziert) in den Datensatz und in die Variablenliste aufgenommen. Damit haben wir einen kurzen und prägnanten Namen gewählt, der auch nach Monaten noch durchblicken lässt, was sich hinter diesem Konstrukt verbirgt.

Abb. 6.3: Zwei mögliche Klassifizierungen der Altersangaben

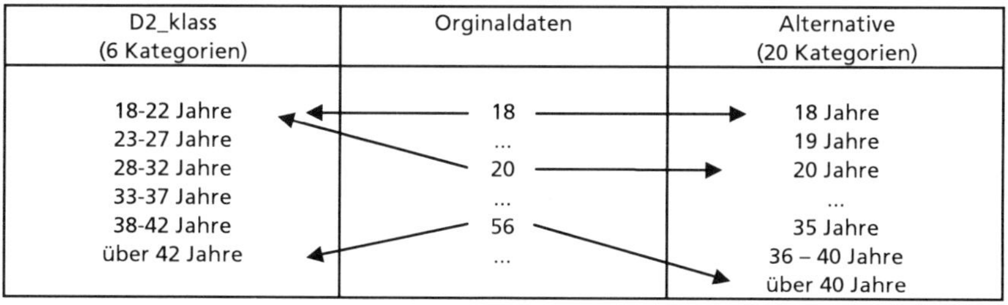

Die von uns vorgenommene Einteilung sah nun so aus, dass wir jeweils fünf Jahrgänge zusammengefasst und überdies all diejenigen, die ein Alter über 42 Jahren angaben, in einer „Restklasse" zusammengeführt haben. Mit dieser Einteilung ließen sich die 50 verschiedenen Ausprägungen übersichtlich in sechs Klassen darstellen. Eine feinere Abstufung mit 20 Klassen ist alternativ dargestellt.

Die Klassifizierung und Gruppierung von Antworten beschränkten wir aber nicht nur auf Fragen, die nach einfachen Zahlen fragten, wie etwa die nach dem Alter oder nach der Semesterzahl. Auch Fragen, in denen die Studierenden eine Beurteilung abgeben sollten, ließen sich noch einmal straffer und übersichtlicher zusammenfassen. So zum Beispiel die Frage A 21: „Warum haben Sie sich grundsätzlich für ein Studium entschieden?". Die Befragten sollten auf der 5-stufigen Skala angeben, inwieweit die jeweils genannten Antwortvorgaben zur Studienentscheidung auf sie zutreffen. Diese Skala wurde von uns in eine 3-stufige Skala umkodiert, die lediglich noch die Tendenzen (wichtig, unentschieden, unwichtig) wiedergibt. Dazu transformierten wir die Beurteilungsskalen von :

1 = sehr wichtig 2 = wichtig	} *zu 1 = (sehr) wichtig*
3 = teilweise wichtig	*zu 2 = teilweise wichtig*
4 = fast unwichtig 5 = ganz unwichtig	} *zu 3 = fast/ganz unwichtig*

Im Rahmen unserer Grundauswertung reichte eine derartig gebündelte Betrachtung vollkommen aus, weil wir in diesem frühen Stadium der Auswertung lediglich einen Überblick über die Daten gewinnen wollten. Um die Feinheiten und einzelnen Konturen kümmerten wir uns dementprechend erst in der weiteren Analyse. Was eine Reduzierung von fünf auf drei mögliche Ausprägungen für die Übersichtlichkeit bewirken kann, illustriert der direkte Vergleich:

Tab. 6.2: Reduzierung der zu interpretierenden Zahlen durch Klassifizierungen?

A 21: Warum haben Sie sich grundsätzlich für ein Studium entschieden?
(Ich habe mich für ein Studium entschieden, weil ich meinte,...)

	Gesamt				
	sehr wichtig	wichtig	teilweise	fast unwichtig	ganz unwichtig
Zeit zu gewinnen, um mir über meine Zukunft klar zu werden					
	4,3% (60)	9,0% (124)	18,4% (254)	18,5% (256)	49,8% (688)
als StudentIn am ehesten meine Vorstellungen vom Leben verwirklichen zu können					
	13,3% (185)	25,0% (348)	25,4% (353)	16,2% (225)	20,1% (280)

Quelle: Datensatz „Studieren im Revier", HDZ Dortmund

A 21: Warum haben Sie sich grundsätzlich für ein Studium entschieden? (Ich habe mich für ein Studium entschieden, weil ich meinte,...)			
	Gesamt		
	(sehr) wichtig	teilweise wichtig	fast (ganz) unwichtig
Zeit zu gewinnen, um mir über meine Zukunft klar zu werden			
	13,3% (184)	18,4% (254)	68,3% (944)
als StudentIn am ehesten meine Vorstellungen vom Leben verwirklichen zu können			
	38,3% (533)	25,4% (353)	36,3% (505)

Quelle: Datensatz „Studieren im Revier“, HDZ Dortmund

Die Lesbarkeit einer Tabelle hängt natürlich auch von der optischen Gestaltung ab. So erleichtert eine ansprechende Optik das Erfassen der Resultate doch erheblich. Wir möchten in diesem Fall allerdings lieber auf eigene Experimentierfreude und den Mut zur progressiven Kreativität verweisen, als uns im Sumpf der vielen Möglichkeiten zu verlieren. Es gilt allerdings: Weniger ist oft mehr. Bei einem umfangreichen Fragebogen – wie dem unseren – gehen schon mehrere Wochen ins Land, ehe ein kompletter Tabellenband an exponierter Stelle im Büro ausgestellt werden kann. Daneben aber sollte eine Arbeitskopie nicht fehlen. Sonst ist es nämlich mit der Ansehnlichkeit schnell vorbei, weil diese Eckdaten immer wieder für weitere Arbeiten/Auswertungen benötigt werden. An der Untersuchung Interessierte benötigen diese Daten übrigens auch manchmal. Relevante Teile des Tabellenbandes sollten daher zugänglich sein – entweder über den Anhang von Veröffentlichungen oder die Angabe einer Bezugsadresse.

7. Über einfache Tabellen hinaus

Schon während wir den Tabellenband erstellten, wurden wir verschiedentlich gebeten, erste Ergebnisse unserer Befragung zu präsentieren. Da der Gedanke nahelag, auf bereits fertiggestellte Tabellen zurückzugreifen, begannen wir für den Vortrag munter Tabellen aus dem Band herauszusuchen. Unsere frohe Stimmung verflog aber rasch. Denn nach und nach drohten wir den Überblick über all die Zahlen zu verlieren und gerieten angesichts der Tabellenflut ein ums andere Mal gehörig durcheinander. Schließlich waren wir immer weniger motiviert, die darin enthaltenen Zahlen näher anzusehen. Selbst dann, wenn sie versprachen, recht interessant zu sein. Wie aber sollte es da erst jenen Personen gehen, für die der Vortrag gedacht war?

Bei der Ergebnispräsentation bedurfte es dementsprechend anderer Darstellungsformen. Solche, die bei ZuhörerInnen auf Interesse stoßen, und es ihnen gleichzeitig ermöglichen, schnell und direkt die über den Ergebnissen schwebende Tarnkappe zu lüften. Hierfür schien es zumindest zwei Wege zu geben: Einen, der eine behutsame Veränderung des bisherigen – sprich der Tabellen – anstrebt, und einen, der sich gänzlich von der Tabellenvariante verabschiedet und die Daten graphisch darstellt. Beide Vorgehensweisen sollen im folgenden beschrieben werden.

7.1 Interessante Wendungen: Tabellenvarianten

Eine Möglichkeit, an „schlichten“ Tabellen zu feilen, entsteht beispielsweise durch das Herausstellen von Konturen. Bildlich kann man sich das in etwa so vorstellen, als würde man auf einer Parkbank sitzen, den Kiesweg betrachten und einen einzelnen Stein fokussieren. Von der Bank aus gesehen sieht der Stein recht unscheinbar aus, aber wie verhält es sich mit seiner Rückseite? Neugierig hebt man den Stein auf und betrachtet ihn von allen Seiten. Jede Seite des Steines wird nun genau studiert. Gibt es Besonderheiten zu entdekken? Auf diese Art und Weise wurden sicher nicht viele wertvolle Steine entdeckt, aber die Technik des Drehens und Wendens hat doch so manche

Besonderheit zu Tage gefördert. Warum sollte dieses Verfahren nicht auch bei Tabellen angewandt werden, um noch die eine oder andere Nuance zu entdecken?

So wie der Stein im Kiesbett kann auch jede Tabelle von verschiedenen Seiten betrachtet werden. Als Seiten stehen dabei Zeilen und Spalten mit den dazugehörigen Prozentwerten zur Verfügung. Je nachdem, ob aus Richtung der Zeile oder der Spalte geschaut wird, ändert sich zwar die absolute Zahl nicht (der Stein bleibt der gleiche) – bei den Prozentzahlen hingegen ändert sich der Bezugsrahmen. Die Zeilenprozentwerte geben den Anteil jeder Fallzahl innerhalb ihrer Zeile an, entsprechendes gilt für die Spalten.

Wir betrachten dazu beispielsweise die Antworten zur Frage nach der letzten Bundestagswahl für die beiden Fachbereiche Wirtschaft und Pädagogik der Universität.

Tab. 7.1.1: Tabelle mit Prozentwerten über die Spalten

D 20: Wie haben Sie bei der letzten Bundestagswahl gewählt?

	Wirtschaft		Pädagogik		Gesamt	
	Sp-%	Anzahl	Sp-%	Anzahl	Sp-%	Anzahl
CDU	37,6%	(144)	6,9%	(25)	22,7%	(169)
SPD	25,6%	(98)	28,2%	(102)	26,8%	(200)
FDP	8,6%	(33)	2,2%	(8)	5,5%	(41)
Grüne	19,1%	(73)	54,1%	(196)	36,1%	(269)
PDS	1,0%	(4)	1,9%	(7)	1,5%	(11)
andere Antworten	8,1%	(31)	6,6%	(24)	7,4%	(55)
Gesamt	100%	(383)	100%	(362)	100%	(745)

Quelle: Datensatz „Studieren im Revier", HDZ Dortmund

Im Tabellenband wurden diese Zahlen immer von „oben" betrachtet, d.h. aus Sicht der in den Spalten stehenden Merkmalen. Die Prozentwerte in jeder Spalte addieren sich dabei zu 100%. Die Spaltenprozente gaben demzufolge Aufschluss darüber, ein wie großer Anteil der jeweiligen Fachrichtung welche Partei gewählt hat. So haben beispielsweise 54,1% der Pädagogik-Studierenden die Grünen gewählt.

Wie aber verhält es sich mit den Grünenwählerinnen gesamt? Zu welchen Anteilen gehören sie einem der beiden Fachbereiche an? Dazu muss die Tabelle „gedreht" werden. Sie wird jetzt sozusagen von der „Seite" betrachtet: Die gleichen Fallzahlen werden nun also über die Zeilenprozente aus einer anderen Perspektive betrachtet.

Hier addieren sich die Prozentwerte der Zeilen jeweils zu 100%. So setzen sich die 269 GrünenwählerInnen zu 27,1% aus Wirtschaftsstudierenden und zu 72,9% aus Pädagogikstudierenden zusammen. Insgesamt machen die Pädagogikstudierenden 48,6% der beiden Studierendengruppen aus. Der PädagogInnen-Anteil an den GrünenwählerInnen liegt mit 72,9% deutlich darüber. Es wird also offensichtlicher als in der Spaltendarstellung hervorgehoben, aus welchem Fachbereich die Grünen eher ihre Wählerschaft rekrutieren. Die „Seitenansicht“ setzt also andere Schwerpunkte, als die zuvor betrachtete Ansicht von „oben“.

Tab. 7.1.2: Tabelle mit Prozentwerten über die Zeilen

D 20: Wie haben Sie bei der letzten Bundestagswahl gewählt?	Wirtschaft		Pädagogik		Gesamt	
	Z-%	Anzahl	Z-%	Anzahl	Z-%	Anzahl
CDU	85,2%	(144)	14,8%	(25)	100%	(169)
SPD	49,0%	(98)	51,0%	(102)	100%	(200)
FDP	80,5%	(33)	19,5%	(8)	100%	(41)
Grüne	27,1%	(73)	72,9%	(196)	100%	(269)
PDS	36,4%	(4)	63,6%	(7)	100%	(11)
andere Antworten	56,4%	(31)	43,6%	(24)	100%	(55)
Gesamt	51,4%	(383)	48,6%	(362)		(745)

Quelle: Datensatz „Studieren im Revier“, HDZ Dortmund

Eine weitere Möglichkeit besteht darin, die Tabelle „frontal“ anzusehen, also den Anteil einer jeden einzelnen Kombination an der Grundgesamtheit zu betrachten. Die Prozentzahlen aller Kombinationen aus Fachrichtung und Partei addieren sich hierbei zu 100% auf. Dabei fällt auf, dass es vier überdurchschnittlich große Gruppen gibt (CDU/Wirtschaft, SPD/Wirtschaft und SPD/Pädagogik sowie Grüne/Pädagogik), die weiter betrachtet werden könnten.

Tab. 7.1.3: Tabelle mit Prozentwerten über alle Kombinationen

D 20: Wie haben Sie bei der letzten Bundestagswahl gewählt?	Wirtschaft		Pädagogik		Gesamt	
	Ges-%	Anzahl	Ges-%	Anzahl	Ges-%	Anzahl
CDU	19,3%	(144)	3,4%	(25)	22,7%	(169)
SPD	13,2%	(98)	13,7%	(102)	26,8%	(200)
FDP	4,4%	(33)	1,1%	(8)	5,5%	(41)
Grüne	9,8%	(73)	26,3%	(196)	36,1%	(269)
PDS	0,5%	(4)	0,9%	(7)	1,5%	(11)
andere Antworten	4,2%	(31)	3,2%	(24)	7,4%	(55)
Gesamt	51,4%	(383)	48,6%	(362)	100%	(745)

Quelle: Datensatz „Studieren im Revier“, HDZ Dortmund

Eine weitere Möglichkeit, Tabellen interessanter und informativer zu gestalten, bieten Ranglisten. Sie sind wohl die im Alltag am häufigsten anzutreffende Tabellenart. Man denke hierbei nicht zuletzt an den Sport (ATP-Rangliste, Bundesligatabelle, Vereinsrangliste). Spätestens ein Blick in die Sportschau verdeutlicht die Idee der Ranglisten: Wer oben steht, hat die meisten Punkte, die meisten Stimmen, den größten Einfluss und überhaupt am meisten zu sagen. Eine Anordnung der Art „oben = wichtig/ unten = weniger wichtig“ machte auch bei einigen unserer Fragen Sinn. So beispielsweise bei der Frage B 9: „Wie erfahren Sie etwas über die Anforderungskriterien der jeweils zu erbringenden Leistung?“ Wie bei anderen Fragen auch sollten die Studierenden, sich zwischen fünf Antwortvorgaben entscheiden, die von „sehr zutreffend“ bis „sehr unzutreffend“ reichten.

Stellt man diese Daten nun in einer „tabellarischen“ Rangliste dar, kann man direkt ablesen, welche Informationsquelle am ergiebigsten sprudelt bzw. welcher Informant auf dem Campus eine eher untergeordnete Rolle spielt. Als „Punktvergabesystem“, nach dem die folgende Tabelle geordnet wurde, legten wir die Prozentwerte zugrunde, die sich aus den Antworten „1 = trifft voll zu“ und „2 = trifft zu“ errechneten. Diese beiden Prozentwerte wurden addiert und dann der Größe nach sortiert. Das führte dann zu folgender Ausgabe:

Tab. 7.1.4: Rangliste zur Frage B9

B 9: Wie erfahren Sie etwas über die Anforderungskriterien der jeweils zu erbringenden Leistung?

Gesamt	trifft (voll) zu
1) Von den KommilitonInnen	70,0%
2) Die Kriterien unterscheiden sich von Lehrperson zu Lehrperson	69,6%
3) Von den ProfessorInnen	47,7%
4) Es kursieren widersprüchliche Informationen	47,7%
5) Von den AssistentInnen	35,0%
6) Von den Fachschaften	29,9%
7) Es gibt schriftlich fixierte Richtlinien	19,7%
8) Ich bin nicht über die Anforderungen informiert	13,4%
9) Von anderen Lehrpersonen	4,3%

Quelle: Datensatz „Studieren im Revier“, HDZ Dortmund

Beim Erstellen von Ranglisten, wie etwa für Likert-Skalen, schleicht sich allerdings eine nicht zu unterschätzende Fehlerquelle ein. Im Beispiel sortierten wir den Anteil positiver Nennungen („trifft voll zu“ und „trifft zu“) auf die verschiedenen Anforderungskriterien. Ebenso lassen sich aber auch die negativen Nennungen („trifft kaum zu“ und „trifft nicht zu“) zusammenfassen und sortieren. Der Gedanke, dies müsste zu einer umgedrehten Rangliste führen, in der die Antwort „von anderen Lehrpersonen“ den Spitzenreiter und die Antwort „von den KommilitonInnen“ das Schlusslicht bilden, ist allerdings so nicht richtig. Schuld daran war die „goldene Mitte“. Mit der Vorgabe „trifft teilweise zu“ hatten die Studierenden die Möglichkeit, eine unentschiedene Antwort zu geben. Die Prozentwerte der positiven und der negativen Rangliste addieren sich demnach nicht zu 100%, so dass diese Mitte durchaus zu einer Umordnung innerhalb der Rangliste führen kann. Es empfiehlt sich daher, entweder im Fragebogen diese Ausweichmöglichkeit der neutralen Mitte gar nicht erst anzubieten oder aber Ranglisten nur dann zu verwenden, wenn auch die Umkehrung der Rangliste stimmig ist.

Ranglisten lassen sich sowohl in SPSS als auch gut über den Umweg per Excel erstellen. Beide Programme bieten zudem eine Fülle von Optionen zur

Gestaltung der Tabellen und Grafiken an. Excel ist in seinen Möglichkeiten sicherlich etwas leistungsfähiger, aber dafür müssen die benötigten Daten erst aus SPSS übertragen werden. Mit welchem Programm nun letztlich gearbeitet wird, bleibt den eigenen Vorlieben überlassen.

7.2 Ein Bild sagt mehr als tausend „Zahlen": Diagramme

Tabellen waren für uns ein gutes Mittel, um einen Überblick über unsere 20 mit Fragebogen prall gefüllten Ordner zu gewinnen. Ihre versteckten Botschaften gaben sie häufig jedoch erst bei genauem Hinsehen oder auf den zweiten Blick frei. Deshalb erstellten wir neben den Tabellen auch Diagramme. Durch diese graphische Aufbereitung lassen sich Inhalte schneller erschließen und aufnehmen, als es bei Tabellen der Fall ist. Davon profitieren nicht zuletzt ZuhörerInnen eines Vortrages, die in den hinteren Reihen sitzen. Während beispielsweise nachfolgende Tabelle auf größere Distanz kaum mehr entziffert werden kann, vermitteln die drei Säulen des Diagramms auch über Entfernungen hinweg sofort einen Eindruck über die Relationen der Untersuchungseinheiten.

Abb. 7.2.1: Darstellung der Tabelle zur Frage A2 im „08/15-Diagramm"

A 2: Welche Studienrichtung studieren Sie?

	Gesamt (1423)	
Wirtschaft	42,2%	(601)
Maschinenbau	19,1%	(272)
Pädagogik	38,7%	(550)

Quelle: Datensatz „Studieren im Revier", HDZ Dortmund

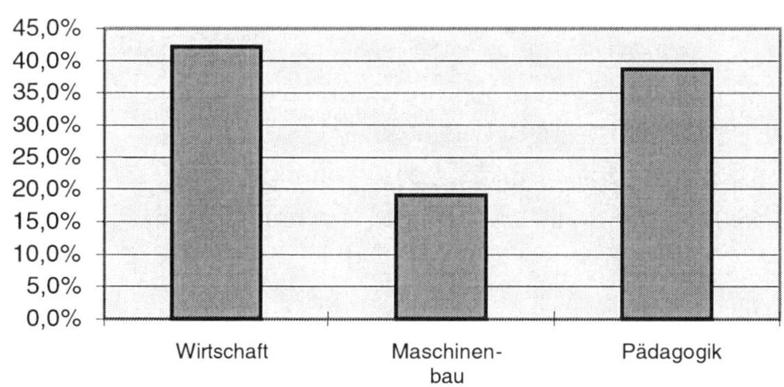

Beim Erstellen dieses Beispiel-Diagramms ließen wir MS-Excel „freie Hand“ und übernahmen alle angebotenen Voreinstellungen. Besonders zufrieden waren wir mit dieser Kreation aber nicht. Zwar wird sichtbar, dass die mit „Wirtschaft“ beschriebene Säule größer als die anderen beiden ist und ihr Wert zwischen 40% und 45% liegt, aber was wir den BetrachterInnen damit sagen wollen, respektive wofür das Diagramm steht, bleibt verborgen. Die Regie dem Computer allein zu überlassen, schien also nicht auszureichen. Wir nahmen das Zepter an uns und überarbeiteten das Diagramm.

In einem ersten Schritt ergänzten wir es um den fehlenden Titel, beschrifteten die Säulen mit den entsprechenden Prozentzahlen und machten Angaben zur Urheberschaft. Außerdem zogen wir das Diagramm etwas auseinander, damit das Label „Maschinenbau“ mit den anderen in eine Zeile kam.

Abb. 7.2.2: Darstellung der Tabelle zur Frage A2 im „zweiten Anlauf“

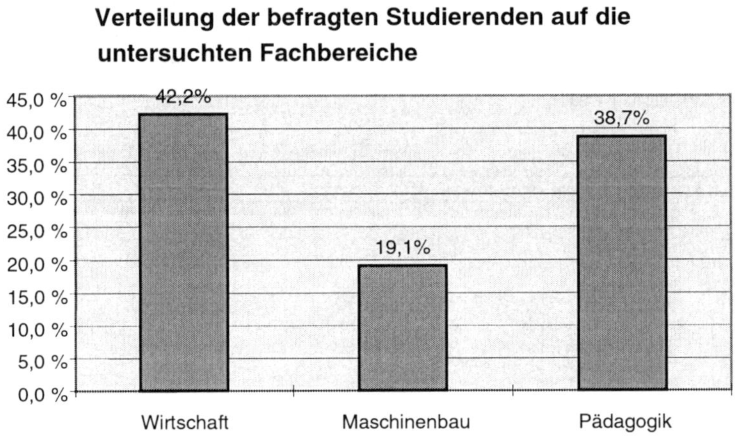

Quelle: Datensatz „Studieren im Revier“, HDZ Dortmund

Obwohl sich das Ergebnis durchaus schon sehen lassen konnte, störten uns noch weitere Details: Sowohl der „farbige“ Hintergrund als auch ein Teil der Gitternetzlinien beeinträchtigten unserer Meinung nach die Lesbarkeit und wurden entfernt. Bei der Y-Achsen-Beschriftung ließen wir zudem die Nachkommastellen weg.

Abb. 7.2.3: Darstellung der Tabelle zur Frage A2 in der „Schlussversion"

Verteilung der befragten Studierenden auf die untersuchten Fachbereiche

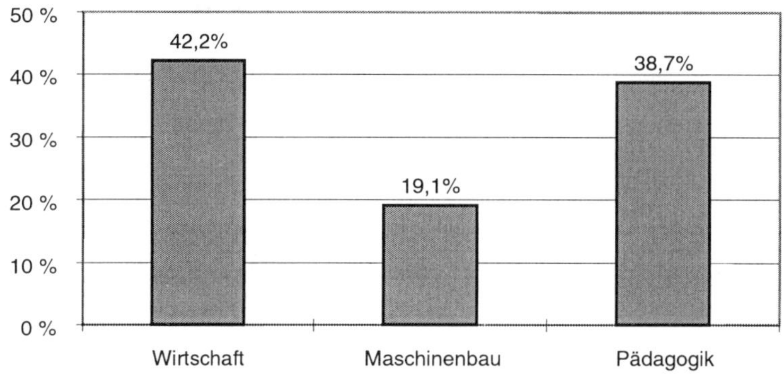

Quelle: Datensatz „Studieren im Revier", HDZ Dortmund

Mit dem jetzt vorliegenden Diagramm waren wir zufrieden. In anderen komplexeren Fällen, bei denen beispielsweise neben den Studiengängen auch das Geschlecht ausgewiesen wurde, mussten wir zusätzlich mit Farbabstufungen oder Mustern arbeiten. Dabei den richtigen Farbton zu treffen, nahm bei uns häufig einige Zeit in Anspruch. Selbst wenn wir unsere Texte und Veröffentlichungen nur schwarz-weiß ausdruckten, bedurfte es meist einer Vielzahl von Versuchen, bis uns das Ergebnis gefiel. Leider vermittelten die Farben auf dem Bildschirm oft einen ganz anderen Eindruck als im späteren Ausdruck. Das galt in noch stärkerem Maße für unsere farbigen Vortragsfolien. Sie sollten sowohl auf dem Overhead-Projektor (also in Farbe) als auch im Handout für die ZuhörerInnen (schwarz-weiß Kopien) ein gutes Bild abgeben.

Mit diesen Ausführungen befinden wir uns bereits inmitten der Gestaltungsdiskussion. Im Prinzip haben wir bislang eine wesentliche Entscheidung unterschlagen, da wir im obigen Beispiel den in unseren Computerprogramm voreingestellten Diagramm-Typ einfach übernommen haben. Selbstredend steht es einem frei, zwischen verschiedenen Diagramm-Typen zu wählen. Diese Entscheidung sollte aber vor allem von inhaltlichen Überlegungen geprägt sein. So stellte sich uns beispielsweise immer wieder die Frage, welche Diagrammform überhaupt geeignet ist, ein Ergebnis zu visualisieren. Dass dies auch eine Frage des Geschmacks sein kann, zeigen nicht zuletzt unsere Diskussionen zur Darstellung der Wohnsituation von Studierenden. Dazu wählten wir zuerst Tortendiagramme aus. Eines für die Gesamtheit aller befragten Studierenden und daneben bzw. darunter eines für jeden Fachbereich. Jedes Tortendiagramm gibt die prozentuale Aufteilung der jeweils betrachteten Studierendengruppen auf die vier klassifizierten Antwortkategorien wieder.

Abb. 7.2.4: Darstellung „Wohnsituation“ im Torten-Diagramm

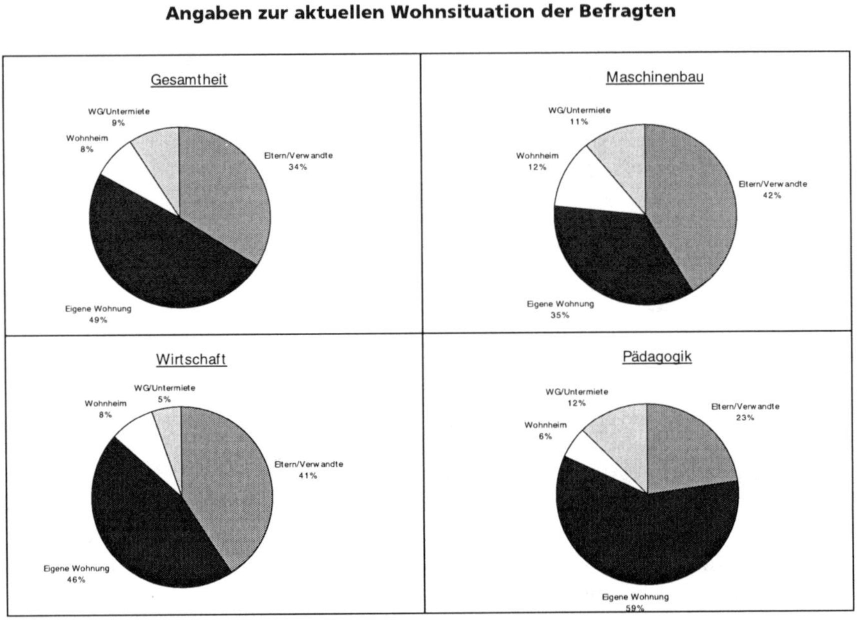

Quelle: Datensatz „Studieren im Revier“, HDZ Dortmund

Eine Hälfte unseres Teams war mit dieser Darstellung bis auf Details wie die Schriftgrößen durchaus zufrieden, die andere weniger. So wurde ein alternativer Vorschlag ausgetüftelt. Ausgehend von der Idee, möglichst alle relevanten Informationen in *einem* Diagramm unterzubringen und dabei die Anteile der Wohnformen nach Fachbereichen zu vergleichen, kehrten wir zuerst zum Säulendiagramm zurück.

Optimal war diese Variante immer noch nicht. Erschienen uns doch die vielen Säulen als zu unübersichtlich, so dass wir nach einer besseren Lösung suchten. Nach einigem Ausprobieren kamen wir darauf, die Prozentwerte übereinander bzw. nebeneinander zu stapeln.

Abb. 7.2.5: Darstellung „Wohnsituation" im Säulendiagramm

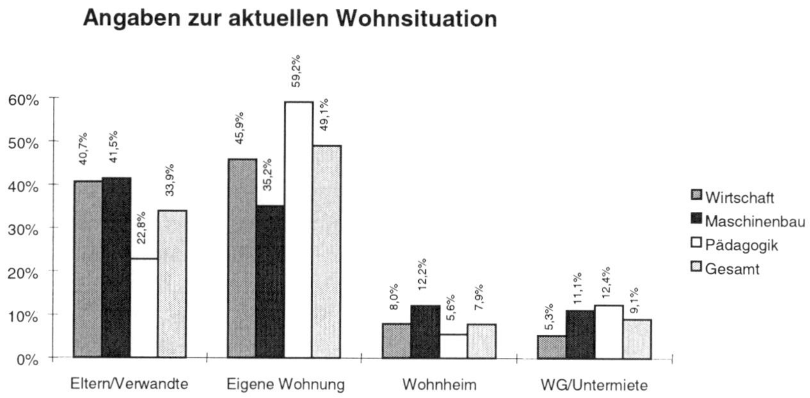

Quelle: Datensatz „Studieren im Revier", HDZ Dortmund

Abb. 7.2.6: Darstellung „Wohnsituation" mit gestapelten Balken

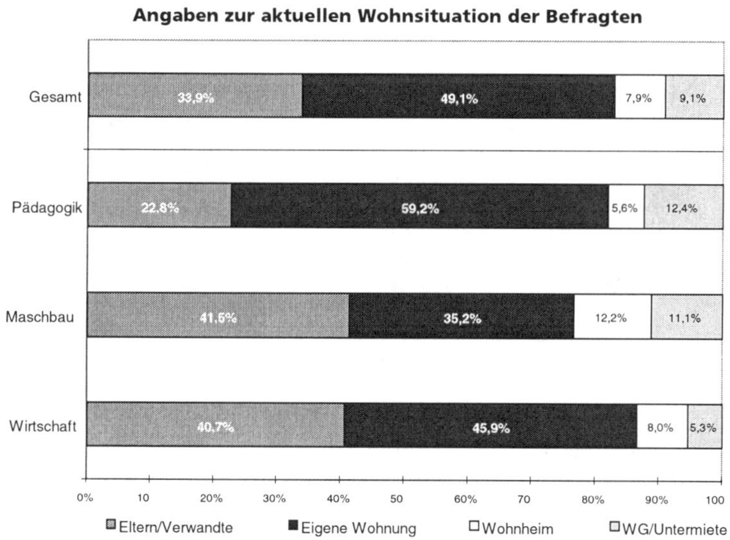

Quelle: Datensatz „Studieren im Revier", HDZ Dortmund

Endlich waren alle zufrieden, und wir konnten weitere Diagramme in Angriff nehmen. Auch bei diesen war es nicht immer leicht, auf Anhieb die passende Form zu finden. Je mehr Informationen wir mit einem Diagramm transportieren wollten, desto mehr Gedanken mussten wir uns machen. Insbesondere bei unseren skalierten Antwortvorgaben erwiesen sich die Datenmengen als ausgesprochen „sperrig“, wie sich im Folgenden erkennen lässt.

In unserem Frageblock B14: „Wie empfinden Sie das Klima allgemein zwischen den Studierenden an Ihrem Fachbereich?“ gab es insgesamt 14 Aussagen, die bewertet werden sollten. Während unserer Analyse kristallisierte sich heraus, dass sechs Items ausreichten, um die Stimmung am jeweiligen Fachbereich und auch die Unterschiede zwischen den Fachbereichen zu beschreiben. Drei Aussagen enthielten negative Klima-Attribute, drei positive. Hätten wir für jede Frage ein Diagramm erzeugt, hätte das insgesamt sechs Diagramme mit jeweils 15 Säulen ergeben. Oder auch 30 Säulen pro Fachbereich und 90 Säulen insgesamt. Wie sollten wir damit einen Eindruck vermitteln? Gar nicht. Wir mussten also unseren Blick fokussieren.

Als erstes fassten wir die fünfstufigen Antwortvorgaben zu drei Stufen zusammen. Damit wurden aus ehedem 15 Säulen neun pro Diagramm:

Abb. 7.2.7: Darstellung der Klimafrage im schlichten Säulendiagramm

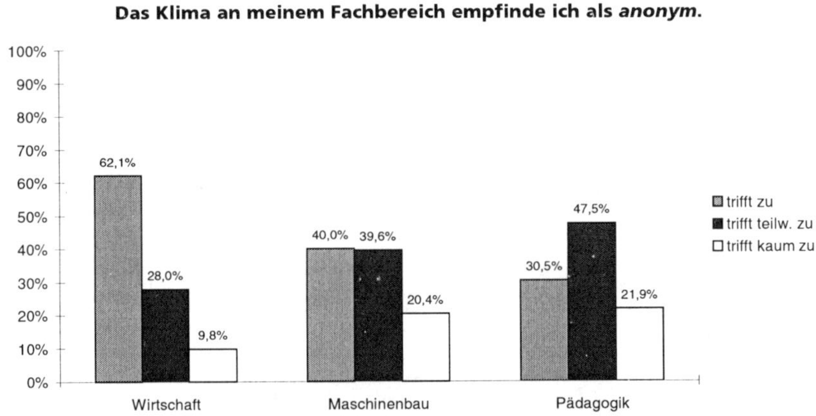

Quelle: Datensatz „Studieren im Revier“, HDZ Dortmund

Das genügte uns aber noch nicht. Deshalb entschieden wir uns als nächstes dafür, uns bei der Darstellung auf die ablehnenden (trifft nicht zu) bzw. zustimmenden (trifft zu) Antworten zu konzentrieren und den Prozentsatz der unentschiedenen (trifft teilweise zu) Antworter nicht mehr explizit auszuweisen. Darauf haben wir in der Darstellung natürlich hingewiesen.

Abb. 7.2.8: Darstellung der Klimafrage im modifizierten Säulendiagramm

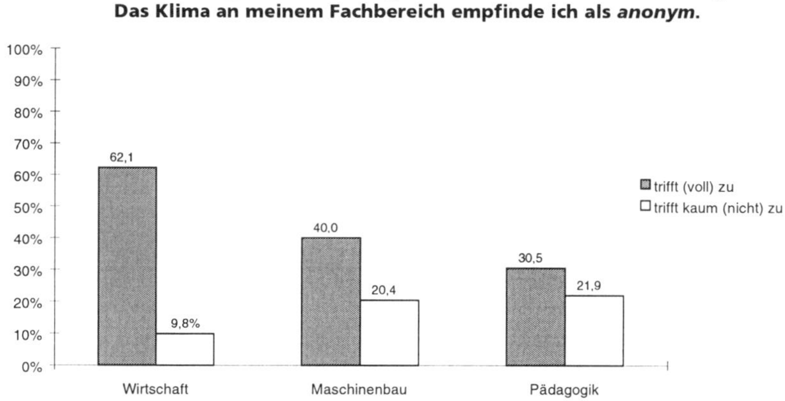

Die zu 100% fehlenden Werte entfallen auf die Antwortvorgabe „trifft teilweise zu".
Quelle: Datensatz „Studieren im Revier", HDZ Dortmund

Außerdem projezierten wir den Prozentsatz derer, die eine Frage ablehnend beantwortet hatten, nun unter die Nullinie und die Säule, die die positiven Aussagen repräsentiert, direkt darüber. Praktisch mussten wir den Computer hierzu überlisten, indem wir unterschiedliche Vorzeichen vergaben. Dadurch wurde das Programm dazu gebracht, einen negativen Bereich einzurichten. Die negativen Vorzeichen entfernten wir korrekterweise dann aber wieder „von Hand" aus der Grafik. So blieben ohne allzu großen Informationsverlust drei Säulen übrig:

Abb. 7.2.9: Darstellung der Klimafrage im „Eisbergdiagramm"

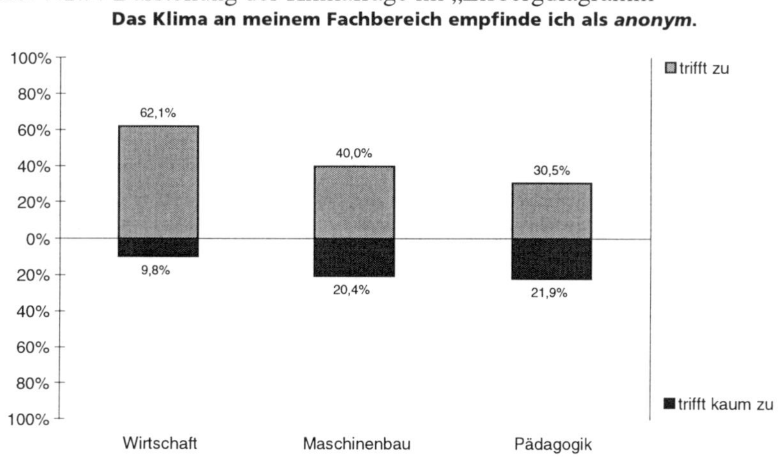

Die zu 100% fehlenden Werte entfallen auf die Antwortvorgabe „trifft teilweise zu".
Quelle: Datensatz „Studieren im Revier", HDZ Dortmund

Nun war ein Vergleich zwischen den drei Balken ohne weiteres möglich. Noch interessanter für uns war es aber, das Antwortverhalten der drei negativen Aussagen in einem Diagramm zusammenfassen zu können:

Abb. 7.2.10: Darstellung der Klimafrage anhand zusammengefasster „Eisbergdiagramme"

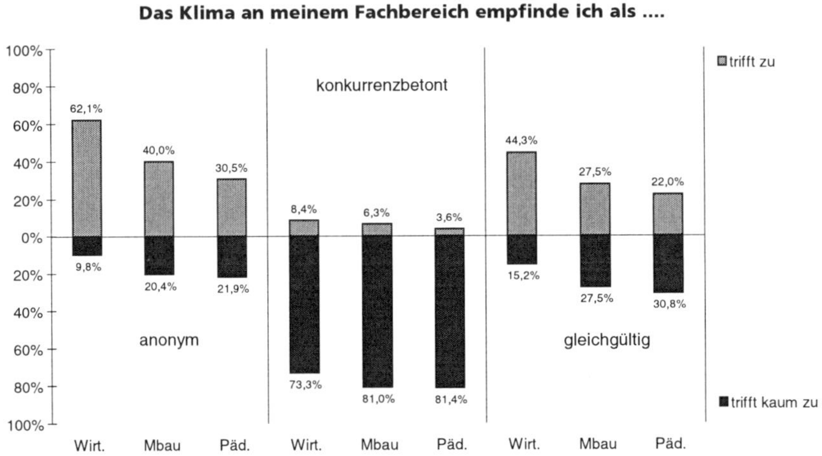

Die zu 100% fehlenden Werte entfallen auf die Antwortvorgabe „trifft teilweise zu".
Quelle: Datensatz „Studieren im Revier", HDZ Dortmund

Ebenso verfuhren wir mit den positiven Aussagen. Somit vermittelten wir unseren LeserInnen mit nur zwei Diagrammen, die überdies bequem auf eine Seite passen, einen guten Eindruck vom Klima an den drei untersuchten Fachbereichen.

Für unsere Veröffentlichungen fanden wir diese Lösung ideal, für eine anstehende Präsentation hingegen noch nicht anschaulich genug. Deshalb haben wir uns erneut zusammengesetzt und nachgedacht. Schließlich hatten wir den Einfall, den Klimabegriff wörtlich zu nehmen: Wir setzten die Ergebnisse in Temperaturwerte um und präsentierten sie entsprechend.

Jeder Antwort ordneten wir hierfür einen Temperaturwert zu. Natürlich war mit der ursprünglichen Zuordnung von eins bis fünf kein Staat zu machen. Wir wollten schließlich ein breites Spektrum abdecken, von sommerlich warm bis winterfrostig kalt. Bejahten die Befragten positive bzw. verneinten sie negative Klima-Attribute, so wurden ihre Angaben in „sommerliche" Temperaturen transfomiert (je nach Ausprägung 10 oder 20 Grad). Dementsprechend erhielt beispielsweise die Bewertung „trifft voll zu" des Attributs „offen" einen Wert von 20 Grad genauso wie die „trifft-nicht-zu"-Vorgabe bei „anonym". Analog wurden bejahte negative Aussagen wie verneinte positive Aussagen mit kräftigen Minus-Temperaturen versehen (-10 bzw. -20 Grad). Die unentschiedenen Antworten wurden neutral, also mit „0“ bewertet. Das persönliche Temperaturempfinden eines jeden Studierenden wurde dann über den Mittelwert seiner sechs Einzelaussagen bestimmt. Dies haben wir nachfolgend für eine Studierende dargestellt:

Tab. 7.2.1: Temperaturberechnung für die Studierende XY

Das Klima zwischen den Studierenden an meinem Fachbereich ist...

	Klima-Attribut	Angaben der Studierenden	Zugewiesene Temperatur
Aussagen mit +	offen	trifft teilweise zu	+/-0
positiven +	anregend	trifft nicht zu	-20
Attributen +	interessant	trifft zu	+10
Aussagen mit –	anonym	trifft voll zu	-20
negativen –	gleichgültig	trifft zu	-10
Attributen –	konkurrenzbetont	trifft nicht zu	+20
		Summe	-20
			Mittelwert : -20 / 6 = -3,33

Aus diesen Werten des persönlichen Temperturempfindens der Studierenden eines Fachbereichs bildeten wir wiederum den Mittelwert und erhielten so eine Temperatur für den Fachbereich als solches. Heraus kamen dabei folgende Bildchen:

Abb. 7.2.11: Präsentation der Klimafrage

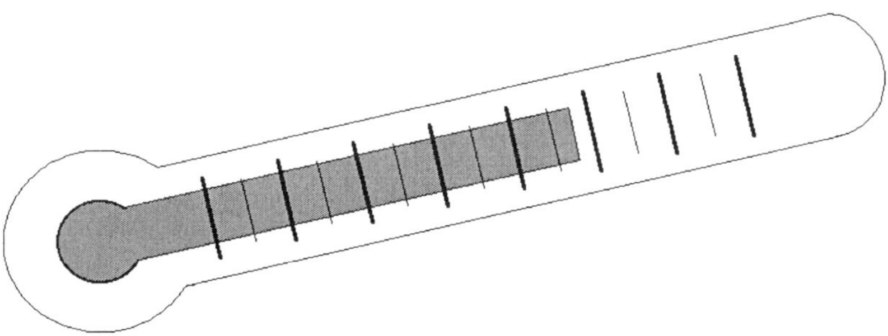

Klima zwischen Studierenden

	Universität	Fachhochschule
Wirtschaft	-5 Grad	0 Grad
Maschinenbau	-1 Grad	3 Grad
Pädagogik	1 Grad	3 Grad

Mit der Fertigstellung der Diagramme war die Arbeit aber noch nicht beendet. Jetzt mussten wir sie noch an die entsprechenden Stellen im Text plazieren. Im Prinzip sind die von uns genutzten Programme MS-Excel zur Erzeugung der Diagramme und MS-Word zur Textverarbeitung auf den gegenseitigen Austausch vorbereitet. Hierzu bieten sie gleich mehrere Lösungen an. Soweit die Theorie. In der Praxis jedoch war die verwendete Hard- und Software mal mehr, mal weniger leistungsfähig, um nicht zu sagen „launisch". Dass wir die AnwenderInnen sicherlich unseren Teil dazu beigetragen haben, soll nicht unerwähnt bleiben.

Probleme tauchten beispielsweise dann auf, wenn wir mehr als drei bis vier Diagramme nacheinander in eine Textdatei einbinden wollten. Dabei riskierten wir regelmäßig den Absturz des Rechners. Nur ein kompletter Neustart half dann noch weiter.

Schwierigkeiten traten auch dann zutage, wenn wir Diagramme dem Seitenformat in Word anzupassen oder sonstwie zu verändern suchten. Hierbei erwies sich plötzlich der vorher sorgsam ausgewählte Schriftgrad als zu klein oder zu groß, Labels wurden abgeschnitten, getrennt oder ganz verschluckt. Manchmal ragte auch die Datenbeschriftung nach der Anpassung in die Gitterlinien oder Randbegrenzungen hinein und wurde dadurch unleserlich. In einigen Fällen verschob der Computer die einzelnen Elemente eines von uns unschuldig aktivierten Diagrammes gleich völlig ineinander oder voneinander weg.

Diese Liste ließe sich beliebig fortsetzen. Natürlich haben wir mit der Zeit die eine oder andere Lösung gefunden oder gelernt, gewisse Probleme zu umgehen. Aber letzlich mussten wir damit leben, dass mit jedem Verfahren wieder neue Unwägbarkeiten auftauchten. Wir haben uns immer damit getröstet, dass Routine und Forschung sich eben ausschließen.

Abschließend unterzogen wir unsere Graphiken immer nochmal einer „Endkontrolle". Dabei überprüften wir unter anderem, ob die Beschriftungen stimmig und lesbar waren, alle wesentlichen Informationen enthalten waren, sich die Prozentzahlen zu 100 addierten sowie Quelle und Überschrift vorhanden waren.

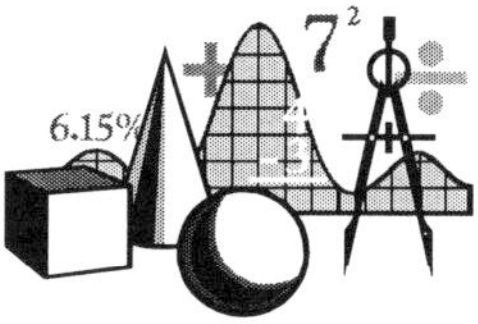

8. Ins Eingemachte der Datenanalyse

Auch wenn uns in dieser Phase des Projektes schon ein protziger Tabellenband aus dem Regal anlächelte und bunte Bildchen unsere Pinnwände schmückten, gaben wir uns mit den bisherigen Ergebnissen nicht zufrieden. Denn in uns erwachte die detektivische Neugier. Wir stellten uns beispielsweise die Frage, ob sich aus den vorhanden Daten nicht noch weitere Zusammenhänge ermitteln ließen.

Mit derlei Überlegungen befanden wir uns mitten im Dschungel der verschiedenen statistischen Verfahren. Um uns dort zurechtzufinden, wälzten wir zunächst die einschlägige Fachliteratur. Hierbei stießen wir auf die Einteilung der Datenanalyse in *Deskription*, *Exploration* und *Induktion*. Welche Aufgaben diese drei Gebiete erfüllen, zeigen Fahrmeir et. al. (1997) in ihrem Buch „Statistik – der Weg zur Datenanalyse“:

> „Speziell bei der Datenanalyse lassen sich drei Grundaufgaben der Statistik angeben: Beschreiben (Deskription), Suchen (Exploration) und Schließen (Induktion). Jeder dieser Aufgaben entspricht ein Teilgebiet der Statistik. So widmet sich die deskriptive Statistik der Beschreibung und Darstellung von Daten. Die explorative Statistik befasst sich mit dem Auffinden von Strukturen, Fragestellungen und Hypothesen, während die induktive Statistik Methoden bereitstellt, um statistische Schlüsse mittels stochastischer Modelle ziehen zu können“ (S. 11).

Wie im Zitat beschrieben, hatten wir mit der Grundauswertung sowie den weitergehenden Tabellen und Graphiken bereits deskriptiv gearbeitet. Der mit dem Erwachen der detektivischen Neugier entstandene Wunsch, weitergehende Zusammenhänge und Strukturen aufzuspüren, ging jedoch darüber hinaus. Da wir vorher kaum Thesen formuliert hatten, die mittels der Wahrscheinlichkeitstheorie zu überprüfen gewesen wären, beschäftigten wir uns weniger mit Verfahren der induktiven Statistik. Für unser Ziel eigneten sich hingegen besonders Methoden der explorativen Statistik, weil – theoretisch gesprochen – die

> „explorative Datenanalyse (weitergeht) als die deskriptive Statistik ... Über die Darstellung von Daten hinaus ist sie konzipiert zur Suche nach Strukturen und Besonderheiten in den Daten und kann so oft zu neuen Fragestellungen oder Hypothesen in den jeweiligen Anwendungen führen. Sie wird daher typischerweise eingesetzt, wenn

die Fragestellung nicht genau definiert ist oder auch die Wahl eines geeigneten statistischen Modells unklar ist“ (S.12).

Unter dem Dach der explorativen Datenanalyse fanden wir eine Vielzahl von Verfahren. Daraus suchten wir uns für die jeweilige Fragestellung etwas Passendes heraus.

Spätestens bei der Wahl des Verfahrens spielte die Art der von uns erhobenen Merkmale eine entscheidende Rolle. Diese unterschieden sich zum Beispiel durch das Skalenniveau, mit dem sie gemessen wurden. Da dieser Aspekt für alle nachfolgenden Ausführungen wichtig ist, beleuchten wir ihn im folgenden ein wenig näher.

Für die Analyse sozialer Herkunftsstrukturen betrachteten wir unter anderem die Schulbildung und die berufliche Stellung der Mutter. Der Fragebogen enthielt zu beiden Punkten mehrere mögliche Antworten, denen wir bei der Kodierung verschiedene Zahlen zugeordnet hatten (vgl. Kap. 5). So erhielt bei der beruflichen Stellung die Antwort „qualifizierte Angestellte“ eine „5“, die Antwort „Angestellte in gehobener/leitender Stellung“ eine „6“ usw. Diese Zahlen stehen nur stellvertretend für die Namen der Kategorien und haben keine inhaltliche Bedeutung. Hätten wir die Antwort „qualifizierte Angestellte“ mit einer „10“ an Stelle der „6“ bezeichnet, so hätte dies keinen Unterschied gemacht. Sind Ausprägungen von Merkmalen so wie in diesem Fall nur aus Kodierungszwecken einer Skala von Werten zugeordnet, so wird allgemein von einer *nominalen* Skalierung gesprochen.

Lassen sich hingegen Kategorien in eine sinnvolle Reihenfolge bringen, dann hat das Merkmal eine *ordinale* Skala. Dies ist bei der Schulbildung möglich: „1“ für „Hauptschule und weniger“, „2“ für „Realschule“ und „3“ für Gymnasium.

Last but not least hatten wir noch Merkmale mit *metrischer* Skalierung. Hier sind die Ausprägungen Zahlen, deren Abstände interpretiert werden können und die einen sinnvollen absoluten Nullpunkt besitzen. Betrachten wir zum Beispiel die Einkünfte der Studierenden, so kann zwischen einem Betrag von 340,- DM und einem von 680,-DM gesagt werden, dass die Differenz 340,- DM beträgt und die letztgenannten Einkünfte zumindest rechnerisch doppelt so hoch sind wie die ersten. Ein Realschulabschluss hingegen muss nicht zweimal so gut sein wie ein Hauptschulabschluss!

Nach diesem Exkurs zu Skalenniveaus wenden wir uns wieder dem eigentlichen Thema zu: den von uns verwendeten explorativen Verfahren. Die von uns bearbeiteten Fragestellungen hatten dabei eines gemeinsam: für ihre Beantwortung existierte jeweils eine zu große Zahl relevanter Variablen. Hätten wir alle Variablen in Form von Tabellen und Prozentwerten miteinander verglichen bzw. verknüpft, so wäre ein unübersehbarer Papierwust entstanden. Daher versuchten wir, diese vielen Merkmale mit Blick auf die für unsere Fragestellung wichtigen Informationen zu reduzieren.

Abb. 8.1: Comic: Dimensionsreduktion

Zur Illustration, was bei einer Reduzierung von Dimensionen passiert, dient der Comic in Abbildung 8.1. Im dreidimensionalen Raum ist ein Frosch anhand seiner Form sofort zu erkennen. Wird er aber tragischerweise überfahren und ist nur noch als Fläche auf der Straße zu erkennen, so hängt es von der „Qualität" des Plattfahrens ab, ob wir ihn anhand der Form noch als Frosch identifizieren. Ähnlich verhält es sich bei den von uns verwendeten Verfahren. Auch hier ist eine große Anzahl an Variablen so zu reduzieren, dass die uns interessierenden Konturen noch zu erkennen sind.

Welche Konturen wir wie herausgearbeitet haben, hing von den jeweiligen Gegebenheiten ab. Dabei wählten wir einmal das Verfahren der Clusteranalyse, ein anderes Mal die Hauptkomponentenanalyse und ein weiteres Mal die Korrespondenzanalyse. Diese werden im folgenden Kapitel ausführlicher dargestellt. Sozialwissenschaftliche Fragestellungen werden hier nur nebenbei angerissen. Wer sich für die Ergebnisse interessiert, sollte auf das Buch „Das Studium ist schon die Hauptsache, aber ..." zurückgreifen.

8.1 Pärchenbildung: Clusteranalyse

Beim Erstellen des Fragebogens hatten wir angenommen, dass Studierende durch ihre Familie unterschiedliche ökonomische, kulturelle und soziale Ressourcen mitbekommen, die ihre Bildungslaufbahn und ihr Studierverhalten beeinflussen. Daher fragten wir die Studierenden nach der Schulbildung und der beruflichen Stellung ihrer Eltern. Die entsprechenden Variablen erhielten von uns folgende Kodierungen.

Abb. 8.1.1: Verkodung der Variablen zur sozialen Herkunft

Berufliche Stellung	
– ungelernte/angelernte Arbeiter	1
– Facharbeiter mit Lehre	2
– Meister/Polier	3
– ausführende Angestellte, mithelfende Familienangehörige	4
– qualifizierte Angestellte	5
– Angestellte in geh. Stellung, leitende Angestellte	6
– Beamte, einfacher und mittlerer Dienst	7
– Beamte, gehobener Dienst	8
– Beamte, höherer Dienst	9
– kleine Selbständige	10
– mittlere Selbständige	11
– größere Selbständige	12
– freiberuflich Tätige	13
– nie berufstätig	14
keine Angabe	= 99

Schulbildung	
– Hauptschulabschluss (und weniger)	1
– Realschulabschluss	2
– Gymnasium	3
keine Angabe	= 0

Bei der Schulbildung des Vaters konnten die Studierenden also zwischen drei unterschiedlichen Antworten und bei der beruflichen Stellung zwischen 14 wählen, gleiches galt für die Mutter. Daraus resultieren $3 \cdot 14 \cdot 3 \cdot 14 = 1764$ mögliche Antwortkombinationen. Da wir nur 1430 Studierende befragt haben, kann also nicht jede Kombination vorgekommen sein. Tatsächlich enthielt unser Datensatz 444 verschiedene Kombinationen. Offensichtlich traten damit Kombinationen mehrmals auf. Die erste StudentIn in unserem Datensatz gab beispielsweise an, ihr Vater habe einen Hauptschulabschluss und sei Meister. Die Mutter absolvierte die Realschule und arbeitet als qualifizierte Angestellte. Die von dieser StudentIn gemachten Angaben trafen noch auf ein weiteres Elternpaar zu.

Wie schon erwähnt, wäre es sehr aufwendig und unübersichtlich gewesen, alle Antwortkombinationen zu betrachten, die die Studierenden gemacht haben. Allerdings hatten wir beim Herumstöbern in unserem Datensatz bereits festgestellt, dass einige Antwortkombinationen sich sehr ähnelten. So unterscheidet sich beispielsweise eine StudentIn, deren Vater Meister (Hauptschulabschluss) und deren Mutter mithelfende Familienangehörige (Realschulabschluss) ist, lediglich bezüglich des Berufes der Mutter von unserer ersten StudentIn. Aufgrund solcher Ähnlichkeiten entstand der Wunsch, alle Befragten in entsprechende Gruppen einzuteilen. Dabei sollen sich die Befragten innerhalb einer Gruppe in Bezug auf Schulbildung und berufliche Stellung der Eltern ähneln und die Teilgruppen sich hingegen voneinander möglichst unterscheiden. Ein Ziel, das mit der Clusteranalyse verwirklicht werden kann; denn sie ist eine Methode zur Klassenbildung,

> „d.h. zur Einteilung einer Menge von Objekten in kleinere Teilmengen. Objekte, die derselben Klasse zugeordnet werden, sollen sich dabei möglichst ähnlich sein; Objekte, die verschiedenen Klassen zugewiesen werden, sollen sich möglichst deutlich unterscheiden. Die Begriffe ‚möglichst ähnlich‘ und ‚möglichst deutlich unterscheiden‘ werden auf die unterschiedlichste Art präzisiert. Darauf beruht die Vielzahl der Ansätze zur Bildung von Klassen“ (Kaufmann/Pape 1984, S. 371).

Bei einer Clusteranalyse wird als erstes für alle Objekte eine Distanz oder Ähnlichkeit zu jedem anderen Objekt berechnet. Anhand dieser Werte werden dann die Objekte in Gruppen eingeteilt. In unserem Fall sind die Studierenden die Objekte. Wie Kaufmann und Pape schreiben, existiert nicht die *eine* Clusteranalyse, sondern es gibt verschiedene Verfahren der Durchführung einer Clusteranalyse. Diese unterscheiden sich hauptsächlich dadurch, wie die Ähnlichkeit oder Distanz zwischen den Objekten bestimmt wird und nach welchem System die Gruppen gebildet werden.

Bevor wir eine Clusteranalyse auf unseren Datensatz losließen, dachten wir noch an die nicht so auskunftsfreudigen Studierenden. Studierende, die keine oder kaum Angaben zur Schulbildung und beruflichen Stellung der Eltern gemacht hatten, wollten wir auch keiner Herkunftsgruppe zuordnen.

Daher behielten wir nur diejenigen Studierenden im Datensatz, die zu zwei oder mehr der vier Merkmale Angaben gemacht hatten. Dies waren von unseren 1430 Studierenden immerhin noch 1416.

In einer unüberlegten Aktion führten wir dann in unserem Projekt zunächst eine Hierarchische Clusteranalyse mit den in SPSS enthaltenen Voreinstellungen durch. Dabei erhielten wir merkwürdige Ergebnisse, die wir uns erst nach einer genauen Betrachtung des verwendeten Distanzmaßes erklären konnten. Dies soll hier nur anhand eines kleinen Beispieldatensatzes mit fünf Studierenden beschrieben werden.

Tab. 8.1.1: Beispieldatensatz zur sozialen Herkunft

StudentIn	Schulbildung des Vaters	Schulbildung der Mutter	Berufliche Stellung des Vaters	Berufliche Stellung der Mutter
1	1	2	3	5
2	1	2	3	14
3	3	3	6	6
4	3	2	3	6
5	3	3	0	6

In SPSS ist ein Distanzmaß mit dem Namen „Quadrierte Euklidische Distanz" voreingestellt. Bei diesem Maß wird der Abstand zwischen zwei Studierenden folgendermaßen ermittelt: für jede Variable wird die Differenz zwischen den Werten der beiden Studierenden gebildet und quadriert. Diese Ergebnisse werden für alle betrachteten Variablen aufsummiert. Zwischen der ersten StudentIn und der zweiten StudentIn ergibt sich also folgender Abstand:

$$(1-1)^2 + (2-2)^2 + (3-3)^2 + (5-14)^2 = 0 + 0 + 0 + 81 = 81,$$

und zwischen der ersten und dritten StudentIn ein Abstand von

$$(1-3)^2 + (2-3)^2 + (3-6)^2 + (5-6)^2 = 4 + 1 + 9 + 1 = 15.$$

Ein Blick auf die Antworten der Studierenden zeigt, dass sich die ersten beiden StudentInnen trotz eines Distanzwertes von 81 nur durch den Beruf der Mutter unterscheiden. Hingegen weisen die erste und die dritte StudentIn keine Gemeinsamkeit auf, kommen aber auf einen Distanzwert von 15. An diesen Distanzwerten lässt sich erkennen, dass das Distanzmaß der Quadrierten Euklidischen Distanz bei nominal skalierten Merkmalen keinen Sinn macht, da es auf Abstandsberechnungen basiert. Ausschlaggebend für den Wert 81 ist die Differenz zwischen „qualifizierter Angestellter" und „nie berufstätig", die mit 14 – 5 = 9 berechnet wird, was natürlich totaler Quatsch ist. Computerprogramme sind eben Hilfsmittel, die nur funktionieren, wenn der bedienende Mensch weiß, was vorgeht.

Um zu sinnvollen Distanzwerten zu gelangen, kreierten wir zunächst Hilfsvariablen. Für jede mögliche Ausprägung der vier betrachteten Variablen erzeugten wir eine binäre Hilfsvariable. Diese erhielt den Wert „1", falls die StudentIn die jeweilige Antwort gab, sonst erhielt sie den Wert „0". Somit gingen für den Schulabschluss der Elternteile jeweils drei Hilfsvariablen in die Analyse ein. Diese bezeichneten wir für den Vater mit „vs1" (Vater-Schule1) bis „vs3" und für die Mutter mit „ms1" bis „ms3". Gab eine StudentIn also an, ihr Vater habe Hauptschulabschluss, erhielt die Variable vs1 den Wert „1" und die Variablen vs2 und vs3 den Wert „0". Die Hilfsvariablen für die berufliche Stellung bezeichneten wir entsprechend mit vb1 bis vb14 und mb1 bis mb14.

Diese Umkodierung muss also auch für unsere Beispielstudierenden stattfinden. Die vier ursprünglichen Variablen werden dabei zu 34 binären Variablen. Die sechs Hilfsvariablen für die Schulbildung der Eltern sind in nachfolgendem Datensatz alle aufgeführt. Von den Hilfsvariablen für die berufliche Stellung fehlen diejenigen, bei denen alle fünf Beispielstudierenden den Wert „0" bekommen haben.

Abb. 8.1.2: Beispieldatensatz - SPSS Eingabemaske

	Stud.	...	vs1	vs2	vs3	ms1	ms2	ms3	...	vb3	...	vb6	...	mb5	mb6	...	mb14
1	1		1	0	0	0	1	0		1		0		1	0		0
2	2		1	0	0	0	1	0		1		0		0	0		1
3	3		0	0	1	0	0	1		0		1		0	1		0
4	4		0	0	1	0	1	0		1		0		0	1		0
5	5		0	0	1	0	0	1		0		0		0	1		0

Mit diesen binären Hilfsvariablen machte das Distanzmaß der Quadrierten Euklidischen Distanz Sinn. Denn dieses Maß entspricht hier genau der Anzahl der Hilfsvariablen, die für die beiden miteinander zu vergleichenden Studierenden unterschiedliche Werte aufweisen. Als Beispiel betrachten wir weiter die ersten beiden Studierenden. Die erste StudentIn hatte beim Beruf der Mutter „qualifizierte Angestellte" angegeben. Daher erhielt die entsprechende Hilfsvariable mb5 den Wert „1" und alle anderen Berufsvariablen der Mutter (mb1-mb4 und mb6-mb14) den Wert „0". Bei der zweiten StudentIn wird die Angabe „Hausfrau" in eine „1" für mb14 und eine „0" für mb1 bis mb13 umgesetzt. Diese beiden StudentInnen haben damit bei den Hilfsvariablen mb5 und mb14 unterschiedliche Werte. Bis auf den Beruf der Mutter waren ihre Angaben identisch und damit auch die Werte der Hilfsvariablen. Die Distanz zwischen diesen beiden Studierenden nimmt somit den Wert „2" an. Entsprechend ergibt sich zwischen erster und dritter StudentIn ein Distanzwert von 8. Entgegen den vorher berechneten Distanzwerten von 81 und 15 besteht hier also sinnvollerweise zwischen den Studierenden, die sich ähnlicher sind, ein kleinerer Distanzwert.

Die Distanzen zwischen jeweils zwei der Studierenden werden im ersten Schritt der Clusteranalyse berechnet. Diese können in SPSS in einer Distanzmatrix ausgegeben werden:

Abb. 8.1.3: SPSS-Ausgabe: Distanzmatrix zum Beispieldatensatz

Näherungsmatrix

	Binäres quadriertes euklidisches Distanzmaß				
Fall	1	2	3	4	5
1		2	8	4	7
2	2		8	4	7
3	8	8		4	1
4	4	4	4		3
5	7	7	1	3	

Dies ist eine Unähnlichkeitsmatrix

Um den Datensatz anhand der Distanzen in Cluster aufzuteilen, wählten wir das Verfahren einer *agglomerativen hierarchischen Clusteranalyse*. Dabei bildet am Anfang jeder Studierende eine eigene Gruppe (also 1416 Gruppen, bzw. 5 in unserem Beispieldatensatz). Im ersten Schritt der Clusteranalyse werden dann zwei Gruppen zu einer gemeinsamen Gruppe vereint (zwei Studierende werden zu einer Gruppe, d.h. es gibt noch 1415 Gruppen). Dieses Verfahren kann solange weitergehen, bis nur noch eine Gruppe mit allen Studierenden übrig bleibt.

Jede Person in der Stichprobe bildet also am Anfang ein eigenes Cluster. Aus den unterschiedlichen Verfahren, nach denen bei einer agglomerativen hierarchischen Clusteranalyse in jedem weiteren Schritt zwei Cluster zu einem gemeinsamen Cluster werden, wählten wir das *Complete-Linkage-Verfahren* (auch „maximum distance method“, „furthest neighbour method“, „entferntester Nachbar“ genannt). Hierbei wird in jedem Schritt für alle Cluster die Distanz zu jedem anderen Cluster berechnet. Es werden die beiden Cluster zusammengefasst, zwischen denen die minimalste Distanz besteht. Die Distanz zwischen zwei Clustern entspricht bei dem gewählten Verfahren der größten Distanz zwischen zwei Studierenden aus diesen Clustern.

In unserem Beispiel mit fünf Studierenden müssen im ersten Schritt die einzelnen StudentInnen miteinander verglichen werden. Die kleinste Distanz besteht mit einem Wert von „1“ zwischen der dritten und fünften StudentIn. Dass diese beiden StudentInnen somit als erstes zusammengefasst werden, ist auch in der Darstellung des Ablaufes der Clusteranalyse in der SPSS-Ausgabe zu erkennen.

Das jeweils neue Cluster erhält als Namen die kleinste Bezeichnung der beiden zusammengefügten Cluster, im ersten Schritt also die 3. Im zweiten Schritt werden die erste und die zweite StudentIn zum neuen Cluster 1. Nach Schritt 2 haben wir also drei Cluster:

- Cluster 1 (erste und zweite StudentIn),
- Cluster 3 (dritte und fünfte StudentIn)
- Cluster 4 (vierte StudentIn).

Abb. 8.1.4: Erläuterung der SPSS-Ausgabe: Zuordnungsübersicht

Zuordnungsübersicht

Schritt	Zusammengeführte Cluster		Koeffizienten	Erstes Vorkommen des Clusters		Nächster Schritt
	Cluster 1	Cluster 2		Cluster 1	Cluster 2	
1	3	5	1,000	0	0	4
2	1	2	2,000	0	0	3
3	1	4	4,000	2	0	4
4	1	3	8,000	3	1	0

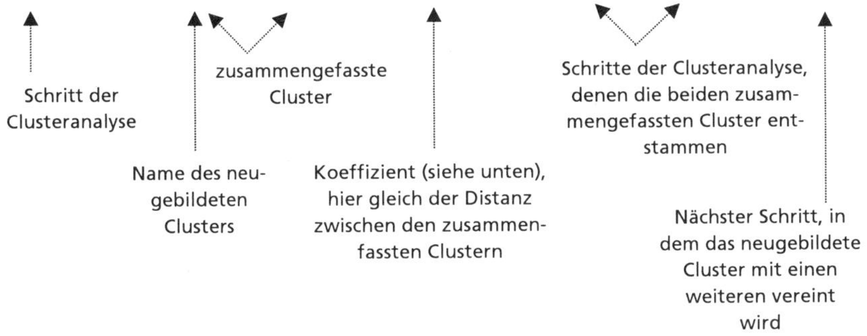

Wie bereits beschrieben, werden in jedem Schritt diejenigen Cluster zusammengefasst, zwischen denen die maximale Distanz zweier Studierender am geringsten ist. In unserem Beispiel hat die maximale Distanz zwischen zwei Studierenden der Cluster 1 und 3 den Wert „8“ (zwischen der ersten und dritten StudentIn sowie zwischen der zweiten und dritten StudentIn, siehe Abbildung 8.1.4). Cluster 4 hat eine maximale Distanz von 4 zu beiden anderen Clustern. Tritt ein Distanzwert mehrmals auf, wird im Fachjargon von einer „Bindung“ gesprochen. In diesem Fall ist keine eindeutige Bildung eines neuen Clusters möglich, da die kleinste Distanz von 4 mehrfach vorkommt. Als Ausweg werden willkürlich zwei der in Frage kommenden Cluster zusammengefügt. SPSS hat in diesem Fall Cluster 4 und Cluster 1 ausgewählt. Aufgrund der hier aufgetretenen Problematik ist die Zuordnung der Studierenden zu Clustern nicht eindeutig. Infolge dieser willkürlichen Vorgehensweise erhielten wir teilweise unterschiedliche Ergebnisse, wenn wir die Reihenfolge der Studierenden im Datensatz veränderten.

Am Schluss des beschriebenen Verfahrens zur Zusammenfassung der Cluster sind alle Studierenden in einem einzigen Cluster. Ziel der Clusteranalyse ist es aber nicht ein Cluster, sondern mehrere zu bilden. Schließlich sollten auch bei uns – wie eingangs erwähnt – die Studierenden in mehrere Gruppen eingeteilt werden. Das Verfahren wird daher vorzeitig beendet. Würden wir bei unseren Beispielstudierenden nach zwei Schritten der Clusteranalyse aufhören, hätten wir die fünf StudentInnen in die drei Cluster 1, 3 und 4 aufgeteilt.

Wir mussten also entscheiden, nach welchem Schritt der Clusteranalyse und damit mit welcher Anzahl an Clustern wir abschließen wollten. Dazu ließen wir das beschriebene Verfahren zunächst einmal komplett durchlaufen und sahen uns den Ablauf (Abb. 8.1.4) an. SPSS gibt einen Koeffizienten an, der bei der Entscheidung für eine Clusterzahl hilfreich sein kann. In der SPSS-Ausgabe ist sein Wert in der vierten Spalte zu finden. Der Koeffizient wird je nach verwendetem Distanzmaß und Klassifizierungsmethode unterschiedlich berechnet. Bei der von uns gewählten Vorgehensweise entspricht der Koeffizient gerade der beim Klassifizierungsverfahren ausschlaggebenden maximalen Distanz zwischen den jeweils zusammengefügten Clustern. Mit diesem Distanzwert wird deutlich, wie ungleich die in dem jeweiligen Schritt zusammengefügten Gruppen sind. In der Fachliteratur wird empfohlen, das Verfahren an einer Stelle abzubrechen, an der der Koeffizient einen großen Sprung macht.

Bei unserem Beispiel macht der Koeffizient vom zweiten Schritt auf den dritten Schritt einen Sprung von 2 auf 4. Nach dem dritten Schritt springt er dann auf den Wert „8". Es scheint also sinnvoll, das Verfahren nach dem zweiten oder dem dritten Schritt zu beenden. Kamen wie hier mehrere Möglichkeiten in Frage, sahen wir uns die Clusterresultate näher an.

Nach dem zweiten Schritt sind unsere Studierenden – wie oben bereits festgestellt – zu drei Clustern zusammengefügt. Wir führten die Clusteranalyse nochmal durch. Diesmal bestimmten wir, dass für die Lösung mit drei Clustern eine neue Variable dem Datensatz angehängt wird. In dieser Variablen ist für jede StudentIn die Nummer des Clusters angegeben, zu dem sie gehört. Dabei werden die drei resultierenden Cluster von 1 bis 3 durchnumeriert. Für jedes Cluster können wir uns ansehen, welche Studierenden dazugehören:

Abb. 8.1.5: Beschreibung der Cluster aus dem Beispieldatensatz

Cluster	Schulbildung des Vaters	Schulbildung der Mutter	Berufliche Stellung des Vaters	Berufliche Stellung der Mutter
1	1	2	3	5
1	1	2	3	14
2	3	3	6	6
2	3	3	0	6
3	3	2	3	6

Im ersten Cluster gibt es also unterschiedliche Berufe der Mutter und im zweiten unterschiedlich Berufe des Vaters. Bei der Einteilung des Datensatzes in zwei Cluster weichen neben den beruflichen Stellungen der Mutter auch die Schulbildungen des Vaters im ersten Cluster voneinander ab:

Abb. 8.1.6: Beschreibung der Cluster aus dem Beispieldatensatz

Cluster	Schulbildung des Vaters	Schulbildung der Mutter	Berufliche Stellung des Vaters	Berufliche Stellung der Mutter
1	1	2	3	5
1	1	2	3	14
1	3	2	3	6
2	3	3	6	6
2	3	3	0	6

An dieser Stelle haben wir auch bei unseren 1416 Studierenden über die verschiedenen Lösungen diskutiert: Waren bei der kleineren Anzahl an Clustern die Antworten innerhalb der Cluster noch einheitlich genug? Oder musste eine größerer Anzahl an Clustern gewählt werden? Wir haben uns letztendlich für die Wahl von 38 Clustern entschieden, da bei einer geringeren Zahl von Clustern die Unterschiede innerhalb der Cluster zu groß waren.

Damit hatten wir aus den vier Variablen zur sozialen Herkunft eine Herkunftsvariable gebildet. Als Wert enthielt diese für jede StudentIn die Nummer des Clusters, dem sie zugeordnet worden war. Da wir uns unter Cluster 1, 2 oder 3 nichts vorstellen konnten, versuchten wir die Cluster zu charakterisieren und möglichst zu benennen. Diese gebildeten Namen konnten wir dann als Wertelabel in den Datensatz aufnehmen.

Dazu sahen wir uns für jedes Cluster die prozentuale Aufteilung des Clusters auf die darin auftretenden Ausprägungen der Schulbildung und beruflicher Stellung der Eltern an.

Für Cluster 1 galt zum Beispiel:

Tab. 8.1.2: Prozentuale Aufteilung des Clusters 1 auf die Variablen, die die soziale Herkunft definieren

Vater			Mutter		
Schulabschluss	Anz.	%	Schulabschluss	Anz.	%
– Hauptschule	2	5,9	– Hauptschule	-	-
– Realschule	2	5,9	– Realschule	-	-
– Gymnasium	30	88,2	– Gymnasium	34	100,0
Berufliche Stellung	Anz.	%	Berufliche Stellung	Anz.	%
– ausf. Angestellte	-	-	– ausf. Angestellte	5	14,7
– Angestellter in geh./leit. Stellung	34	100,0	– Angestellte in geh./leit. Stellung	15	44,1
– Beamte, geh. Dienst	-	-	– Beamte, geh. Dienst	9	26,5
– Beamte, höh. Dienst.	-	-	– Beamte, höh. Dienst.	4	11,8
– kleine Selbständige	-	-	– kleine Selbständige	1	2,9

Dieses Cluster ist also dadurch geprägt, dass beide Eltern das Gymnasium besucht haben, der Vater gehobener/leitender Angestellter und die Mutter gehobene/leitende Angestellte bzw. höhere Beamtin ist. Aufgrund des hohen Bildungsabschlusses und der guten beruflichen Stellung beider Eltern bezeichneten wir dieses Herkunftscluster als „Bildungsmilieu". Auch die anderen 37 Cluster bekamen von uns jeweils einen Namen, den wir mit Blick auf die charakteristischen Eigenschaften des jeweiligen Clusters auswählten.

Tab. 8.1.3: Charakterisierung der gebildeten Cluster

Cluster	Anz.	Schulbildung Vater	Schulbildung Mutter	Berufl. Stellung Vater	Berufl. Stellung Mutter	Charakterisierung
1	34	Gymnasium	Gymnasium	geh./leit. Angestellter	geh./leit. Angest., geh./höh. Beamte	*Bildungsmilieu*
2	62	Hauptschule (o. weniger)	Hauptschule (o. weniger)	Facharbeiter	Facharbeiterin, qual. Angest.	*Arbeitermilieu mit Gesellenbrief*
3	19	Hauptschule (o. weniger)	Hauptschule (o. weniger)	einf. Beamter	ausf. Angest., nie berufstätig	*Kleinbeamtentum*
4	50	Realschule	Realschule	Facharbeiter, Meister, geh./leit. Angest., klein./mittl. Selbständige	qual. Angestellte	*Neue pluralistische Mitte*
5	45	Hauptschule (o. weniger)	Hauptschule (o. weniger)	ungel./angel. Arbeiter	ungel./angel. Arbeiterin	*Traditionelles Arbeitermilieu*
...	...	...	...	...	...	...

Wie schon diese kleine Auswahl zeigt, lieferte uns die Clusteranalyse viele Informationen zur Struktur der sozialen Herkunft unserer Studierenden. Mit diesen 38 Clustern ließen sich gleichermaßen feinere Unterschiede zwischen naheliegenden Gruppen (siehe Arbeitermilieu) und größere Unterschiede zwischen entfernter liegenden Gruppen (Arbeiter- und Bildungsmilieu) abbilden. Ferner konnten wir anhand unserer Daten ablesen, dass die Eltern der Studierenden größtenteils PartnerInnen mit ähnlichem (Aus-) Bildungsstand geheiratet hatten. In der Elterngeneration kam es also eher selten zu sozialen Auf- oder Abstiegen aufgrund von Hochzeiten, was bezogen auf die Elterngeneration jedenfalls die enorme Bedeutung von (Aus-)Bildungen für die Plazierung auf der gesellschaftlichen Hierarchieleiter unterstreicht.

Solange wir den Fokus ausschließlich auf Aussagen bezüglich der sozialen Herkunft richteten, hatte also diese Untergliederung in 38 Cluster den Vorteil, aufgrund der zahlreichen – erhalten gebliebenen – Informationen feine bis hauchfeine Unterschiede aufzeigen zu können. Erwies sich der Facettenreichtum der 38 Cluster bei diesem Auswertungsschritt als absoluter Vorteil, so geriet er indessen bei der Hinzunahme weiterer Informationen zum Nachteil. Bei dem Unterfangen, die Cluster nach Geschlecht oder Studiengang zu unterteilen, standen wir – dramatisch formuliert – wieder einmal vor dem

Problem, in dem (von uns produzierten) Datenmeer zu ertrinken. Deshalb mussten wir bei Auswertungen, bei denen Fragen nach dem Geschlecht und Studiengang im Brennpunkt standen, parallel eine grobkörnigere Untergliederung der sozialen Herkunft in Kauf nehmen, um die Informationen überhaupt handhaben zu können.

Bei dieser Einteilung der Studierenden in möglichst wenige und Sinn machende soziale Herkunftsgruppen leistete uns die 38 Cluster umfassende Clusteranalyse aber als Orientierungsfolie gute Dienste. Letztlich wurden die Studierenden in Bezug auf die Kategorien der Schulbildung und beruflichen Stellung immer in die höchste Kategorie, die auf mindestens ein Elternteil zutraf, eingestuft. Mit den verbleibenden – unten abgebildeten -vier Herkunftsgruppen ließ sich dann ganz prima weiterarbeiten.

Abb. 8.1.7: Einteilung in soziale Herkunftsgruppen

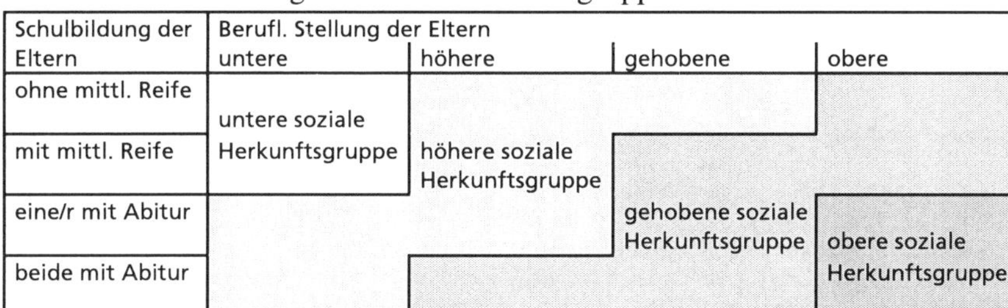

<u>Berufliche Stellung:</u> untere: an-, ungelernte Arbeiter, ausführende Angestellte, mithelfende Familienangehörige
höhere: Facharbeiter, qualifizierte Angestellte, einfache/mittlere Beamte
gehobene: Meister/Polier, gehobene Beamter, kleinere Selbständige
obere: gehobene/leitende Angestellte, höhere Beamte, mittlere/größere Selbständige, Freiberufler

Quelle: Datensatz „Studieren im Revier“, HDZ Dortmund

Wie andere Verfahren ist die Clusteranalyse eine von vielen Möglichkeiten, sich beim Durchqueren der Datenfluten über Wasser zu halten. Was für eine Fragestellung aber ein probates Verfahren zu sein scheint, kann bei einer anderen – erweiterten, veränderten – Fragestellung jedoch schon weniger gut geeignet sein.

8.2 Drahtzieher und Seilschaften: Hauptkomponentenmethode

Gründe, ein Studium aufzunehmen, gibt es zu Hauf. Während einige die Erwartung auf das große Geld lockt, wollen andere einfach ihren Horizont erweitern. Grundsätzlich wird angenommen, dass zwischen den Motiven für die Wahl eines Studiums und dem Verhalten während des Studiums ein Zusammenhang besteht. Die Motivfrage ist damit per se für die Hochschulforschung von Interesse. So durfte dieser Komplex auch in unserer Untersuchung nicht fehlen.

In unserem Fragebogen legten wir den Studierenden folgende 18 Gründe für die Wahl des Studiums bzw. des Studienganges vor. Diese sollten hinsichtlich ihrer Wichtigkeit für die persönliche Entscheidung beurteilt werden.

Tab. 8.2.1: Betrachtete Variablen zur Motivfrage

Grundsätzliche Entscheidung für ein Studium	
A21_1	Studium, um Zeit zum Nachdenken zu gewinnen
A21_2	Studium, um Lebensvorstellungen umzusetzen
A21_3	Studium, um Neigungen nachzugehen
A21_4	Studium bot sich nach guter schulischer Leistung an
A21_5	Studium verbessert Arbeitsmarktchancen
A21_6	Studium mangels Ausbildungsalternative
A21_7	Studium, um vorhandene Ausbildung zu vertiefen
A21_8	Studium lässt gute berufl. Existenz erwarten
A21_9	Studium, um höheres Ansehen zu geniessen
A21_10	Studium, um Bildung und Horizont zu erweitern
A21_11	Studium ist in meiner Familie selbstverständlich
Entscheidung für jetzigen Studiengang	
A22_1	Wahl des Stud.-ganges aus besonderem Interesse
A22_2	Stud.-gang entspricht meiner Neigung
A22_3	Stud.-gang lässt gute berufl. Entwicklung erwarten
A22_4	Stud.-gang lässt hohen Verdienst erwarten
A22_5	Stud.-gang verspricht gute Arbeitsmarktlage
A22_6	Stud.-gang verspricht kurze Studiendauer
A22_7	Stud.-gang verspricht leichteren Abschluss

Mit der Grundauswertung war eine Auswertung aller Fragen in Tabellenform erfolgt. Die Darstellung des Anwortverhaltens für jedes der obigen Aussageitems führte dabei zu 18 Tabellen, was natürlich viel zu unübersichtlich war.

Diese Unübersichtlichkeit resultierte teilweise daraus, dass wir den eher abstrakten Begriff „Studienmotivation“ nur in diese Vielzahl abfragbarer Aussageitems übersetzen konnten. Das heißt aber nicht, dass zum Messen der Studienmotivation überhaupt soviele Variablen benötigt werden. Vorstellbar wäre ja auch, dass sich das Antwortverhalten unserer Studierenden womöglich durch eine kleinere Anzahl uns unbekannter und kaum direkt abfragbarer „Motivgründe“ erklären lässt.

Mit dem Ziel, aus unseren Aussageitems derartige wenige, unterschiedliche und unabhängige Motive zu bilden, befanden wir uns mitten in den Verfahren der Faktorenanalyse:

„Unter Faktorenanalyse versteht man nicht ein bestimmtes statistisches Verfahren, sondern es handelt sich bei dieser Bezeichnung um einen Sammelbegriff für viele, zum Teil sehr unterschiedliche Techniken. Das Ziel einer Faktorenanalyse ist stets die Zurückführung einer größeren Menge beobachtbarer Variablen auf möglichst wenige hypothetische Variablen, die *Faktoren*“ (Ost 1984, S. 575).

Unter dem Dach der Faktoranalyse tummeln sich – wie Ost betont – eine Reihe von einzelnen Verfahren. Wir wollen hier natürlich nicht alle diese Verfahren vorführen, sondern nur unser konkretes Problem lösen. Dafür wählten wir als faktoranalytisches Verfahren die Hauptkomponentenmethode. Zu dieser Wahl kamen wir zum einen aufgrund unserer Zielsetzung. So waren wir bei der Untersuchung der Studienmotive weniger an konkreten statistischen Testentscheidungen interessiert, als vielmehr an der Erforschung und genaueren Beschreibung der Daten. Zum anderen sprach für die Hauptkomponentenmethode, dass ihr keine speziellen Annahmen über die statistische Verteilung der Daten zugrundeliegen. Die besondere Eignung des Verfahrens für bestimmte sozialwissenschaftliche Fragestellungen hebt auch Ost hervor, wenn er schreibt:

„Vor allem in den Sozialwissenschaften ist in der Regel zur Erklärung menschlicher Verhaltensweisen oder allgemeiner sozialer Phänomene eine Vielzahl von Einflussgrößen relevant. Einige deskriptiv orientierte faktorenanalytische Methoden versuchen, viele mehr oder weniger hoch korrelierende Merkmale durch einige wenige voneinander unabhängige hypothetische ‚Faktoren' möglichst genau zu erfassen. Im Gegensatz zu anderen multivariaten Verfahren wie etwa Regressions- oder Varianzanalyse können diese Einflussgrößen empirisch nicht erfasst werden, sondern stellen ein Resultat des faktorenanalytischen Modells dar. Ein für diesen Zweck vielfach eingesetztes Verfahren ist die *Hauptkomponentenmethode*" (Ost 1984, S. 575).

Da uns selber der Blick in die „Black-Box" des Verfahrens der Haupkomponentenmethode geholfen hat, deren Ideen besser zu verstehen und die Ergebnisse zu interpretieren, wollen wir auch hier ein wenig in die Matrizenrechnung eintauchen.

Dazu betrachten wir zunächst einen kleinen Datensatz mit fiktiven Antworten von vier Studierenden zu drei Fragen:

Abb. 8.2.1: Beispieldatensatz

	F1	F2	F3	
1	8	5	5	
2	13	7	9	
3	20	8	13	
4	9	9	7	

Diese Daten können wir wie folgt als rechteckiges Schema darstellen:

$$\begin{pmatrix} 8 & 5 & 5 \\ 13 & 7 & 9 \\ 20 & 8 & 13 \\ 9 & 9 & 7 \end{pmatrix}$$

Ein derartiges Schema wird in der Mathematik Matrix genannt. Auch die folgenden zwei Gebilde sind solche Matrizen.

$$\begin{bmatrix} 1 & 2 & 0 \\ 2 & 3 & 1 \\ 4 & 4 & 1 \\ 0 & 3 & 1 \end{bmatrix} \qquad \begin{bmatrix} 2 & -1 & 1 \\ 3 & 3 & 2 \\ 0 & 0 & 1 \end{bmatrix}$$

Bei der ersten wird von einer 4x3 (sprich: 4 kreuz 3) Matrix und bei der zweiten von einer 3x3 Matrix gesprochen. Zwei solcher Matrizen, bei denen – wie hier – die Anzahl der Spalten der ersten Matrix (drei) der Anzahl der Zeilen der zweiten (drei) entspricht, können miteinander multipliziert werden. Als Ergebnis entsteht eine Matrix, die so viele Zeilen wie die erste (vier) und so viele Spalten wie die zweite (drei) besitzt, also eine 4x3 Matrix.

Um die Berechnung dieser neuen 4x3 Matrix schrittweise nachvollziehen zu können, schreiben wir an die Stelle aller noch unbekannten Werte zunächst Fragezeichen. Danach beginnen wir mit dem unbekannten Wert oben links. Dieser steht in der ersten Spalte und ersten Zeile der neuen Matrix. Zu seiner Berechnung werden die Werte der ersten Zeile der linken Matrix und die Werte der ersten Spalte der rechten Matrix benötigt.

$$\begin{bmatrix} 1 & 2 & 0 \\ 2 & 3 & 1 \\ 4 & 4 & 1 \\ 0 & 3 & 1 \end{bmatrix} \times \begin{bmatrix} 2 & -1 & 1 \\ 3 & 3 & 2 \\ 0 & 0 & 1 \end{bmatrix} = \begin{bmatrix} ? & ? & ? \\ ? & ? & ? \\ ? & ? & ? \\ ? & ? & ? \end{bmatrix}$$

Bei der eigentlichen Berechnung wird der erste Wert der Zeile mit dem ersten der Spalte multipliziert ($1 \cdot 2 = 2$). Dazu wird das Ergebnis der Multiplikation des zweiten Zeilenwertes mit dem zweiten Spaltenwert addiert, ebenso das Ergebnis der Multiplikation des dritten Zeilenwertes mit dem dritten Spaltenwert:

$$1 \cdot 2 + 2 \cdot 3 + 0 \cdot 0 = 8.$$

Jedes weitere Fragezeichen steht in einer bestimmten Zeile und Spalte der noch unbekannten Matrix. Zu seiner Berechnung wird immer die entsprechende Zeile der ersten Matrix mit der entsprechenden Spalte der zweiten Matrix in der eben beschriebenen Art verknüpft. Für das Fragezeichen in der vierten Zeile und zweiten Spalte stellt sich dies folgendermaßen dar:

$$\begin{bmatrix} 1 & 2 & 0 \\ 2 & 3 & 1 \\ 4 & 4 & 1 \\ 0 & 3 & 1 \end{bmatrix} \times \begin{bmatrix} 2 & -1 & 1 \\ 3 & 3 & 2 \\ 0 & 0 & 1 \end{bmatrix} = \begin{bmatrix} 8 & ? & ? \\ ? & ? & ? \\ ? & ? & ? \\ ? & ? & ? \end{bmatrix} \qquad 0 \cdot (-1) + 3 \cdot 3 + 1 \cdot 0 = 9$$

Als Endergebnis erhalten wir folgende 3×4 Matrix:

$$\begin{pmatrix} 8 & 5 & 5 \\ 13 & 7 & 9 \\ 20 & 8 & 13 \\ 9 & 9 & 7 \end{pmatrix}$$

„Wie der Zufall es so will", ist dieses Ergebnis mit dem eingangs gewählten fiktiven Datensatz identisch. Unsere Datenmatrix kann dementsprechend in die beiden bei der Multiplikation verwendeten Matrizen „zerlegt" werden. Diese Zerlegung ist jedoch nicht die einzig mögliche. So wie sich zum Beispiel die Zahl 12 sowohl durch $3 \cdot 4 = 12$ als auch durch $2 \cdot 6 = 12$ oder $1{,}2 \cdot 10 = 12$ erzeugen lässt, kann auch unsere Datenmatrix durch Multiplikation unterschiedlicher Matrizen gebildet werden.

Eine derartige Zerlegung der Datenmatrix in zwei Matrizen findet auch bei der Hauptkomponentenmethode statt. Natürlich kommt es dabei auf die Art der Zerlegung an. Die bei der Hauptkomponentenmethode gebildeten Matrizen sollen bestimmte Anforderungen erfüllen, deren inhaltlicher Bedeutung wir als nächstes nachspüren wollen.

Dabei ist die Zerlegung der Datenmatrix in zwei Matrizen nicht ein reines Zahlenspiel, den Zahlen werden vielmehr Bedeutungen zugewiesen. Dabei werden die Werte der linksstehenden Matrix als Werte von neugebildeten Variablen angesehen. Somit hätten wir für unser Beispiel drei neue Variablen mit den Werten:

Abb. 8.2.2: Datensatz mit neuen Variablen

	V1	V2	V3	
1	1	2	0	
2	2	3	1	
3	4	4	1	
4	0	3	1	

Mit der zweiten bei der Multiplikation verwendeten Matrix kann der Zusammenhang zwischen den neuen Variablen (V1, V2, V3) und den alten Variablen (F1, F2, F3) rekonstruiert und erklärt werden. Anhand dieses Zusammenhanges wird dann auch den neuen Variablen eine inhaltliche Bedeutung zugeschrieben. Wie wir dies praktisch gemacht haben, werden wir später an einem echten Fall aus unserer Untersuchung beschreiben.

An dieser Stelle sind wir jedoch noch längst nicht fertig mit unserer Hauptkomponentenmethode. Deren Ziel war schließlich eine Komplexitätsreduktion. Dazu werden nicht genau so viele, sondern weniger neue Variablen gebildet, als alte Variablen existieren. Dies geschieht dadurch, dass nur einige der neugebildeten Variablen beibehalten werden, zum Beispiel nur die Variablen V1 und V2. Lassen wir entsprechend von der ersten Matrix die letzte Spalte und von der zweiten die letzte Zeile weg und multiplizieren diese beiden erneut, gilt:

$$\begin{pmatrix} 1 & 2 \\ 2 & 3 \\ 4 & 4 \\ 0 & 3 \end{pmatrix} \times \begin{pmatrix} 2 & -1 & 1 \\ 3 & 3 & 2 \end{pmatrix} = \begin{pmatrix} 8 & 5 & 5 \\ 13 & 7 & 8 \\ 20 & 8 & 12 \\ 9 & 9 & 6 \end{pmatrix}$$

Als Ergebnis der Multiplikation bleibt damit in etwa unsere urspüngliche Datenmatrix erhalten. Wünschenswert ist hier natürlich, dass auch bei der Wahl von nur zwei Variablen die ursprüngliche Datenmatrix möglichst identisch hergestellt wird. Wie gut dies allerdings gelingt, hängt von den beiden Matrizen ab, in die die Datenmatrix vor der Reduzierung zerlegt wurde.

Aus den vielen Zerlegungsmöglichkeiten werden bei der Hauptkomponentenmethode zwei Matrizen so gesucht, dass diese die ursprünglichen Daten auch bei Reduzierung auf weniger Variablen möglichst gut wiedergeben. Dabei heißen die neuen Variablen Faktoren. Die Matrix, die die Werte dieser neuen Faktoren enthält, heißt entsprechend Faktorwertematrix und die zweite Matrix, welche zur Erklärung des Zusammenhanges der neuen Variablen und der alten verwendet werden kann, heißt Faktorladungsmatrix.

Nachdem wir die der Hauptkompentenanalyse zugrundeliegende Mathematik ein wenig gestreift haben, wollen wir nun die von uns durchgeführte Hauptkomponentenmethode beschreiben. Diese basiert auf den in unserem Datensatz enthaltenen Einschätzungen der 1430 befragten Studierenden zur Wichtigkeit (in den Abstufungen „1" bis „5") der 18 Motivaussagen.

Als erstes schlossen wir diejenigen Studierenden von der Analyse aus, die zu drei oder mehr der Aussagen keine Antworten gegeben hatten. Insgesamt enthielt unsere Datenmatrix danach noch Aussagen von 1383 Studierenden. Von diesen hatten 67 bei zwei Aussageitems keine Angabe gemacht. Um die Hauptkomponentenmethode durchführen zu können, bildeten wir zu jedem Aussageitem aus den vorhandenen Angaben der Studierenden den Mittelwert und ersetzten die fehlenden Angaben durch diesen.

In einem ersten Schritt ließen wir die Hauptkomponentenmethode von SPSS einmal durchführen und wählten dabei die Einstellung, dass 18 Faktoren gebildet werden sollten. Wie bei unserem kleinen Matrizenrechnungsbeispiel hatten wir damit aus unseren 18 Motivaussagen 18 Faktoren gebildet, aus denen mit Hilfe der dazugehörigen Ladungsmatrix unsere ursprünglichen Daten 1:1 wiederherstellbar waren. Bei der Hauptkomponentenmethode heißen diese 18 Faktoren auch Hauptkomponenten. Das Entscheidende ist, dass nur eine kleinere Zahl dieser Hauptkomponenten als Faktoren beibehalten wird. Für diese Vereinfachung ist allerdings ein Preis zu zahlen, da sich mit der reduzierten Anzahl an Faktoren die urspüngliche Datenmatrix nur noch annähernd wieder herstellen lässt.

Mit jedem einzelnen Faktor kann durch Multiplikation mit dem dazugehörigen Teil der Ladungsmatrix eine Matrix erzeugt werden, die der Datenmatrix mehr oder weniger ähnlich ist. Diese „Ähnlichkeit" kann daran gemessen werden, wie groß die Streuung der erzeugten Werte im Vergleich zur Streuung der Werte in der Datenmatix ist. Man spricht von der „durch den Faktor erklärten Varianz". Dabei sind die Faktoren so gebildet, dass dieser erklärte Varianzanteil beim ersten Faktor am größten ist, und von Faktor zu Faktor kleiner wird. Für unseren Fall galt:

Tab. 8.2.2: Anteil der erklärenden Varianz pro Faktor

Faktor/Komponente	1	2	3	4	5	6	7	8	9
Erklärter Varianzanteil	20,3	12,0	10,2	7,5	6,5	5,4	5,3	4,6	3,9
Zusammen erklärter Anteil	20,3	32,3	42,6	10,0	56,0	61,9	67,1	71,7	75,7

Faktor/Komponente	10	11	12	13	14	15	16	17	18
Erklärter Varianzanteil	3,8	3,6	3,4	2,9	2,5	2,4	2,3	1,9	1,5
Zusammen erklärter Anteil	79,5	83,1	86,4	89,4	91,9	94,3	96,6	98,5	100,0

Hierbei ergibt sich jetzt bei der Wahl der beizubehaltenden Anzahl der Faktoren eine Zwickmühle. Einerseits wird durch viele Faktoren die in den ursprünglichen Variablen enthaltene Information gut wiedergeben, andererseits besteht der Wunsch, die Ursprungsvariablen auf wenige Faktoren zu reduzieren. In Fahrmeir und Hamerle (1984) wird dieser Sachverhalt folgendermaßen beschrieben:

„Die Faktoren ergeben sich bei diesem Verfahren als Linearkombinationen der ursprünglichen Variablen, so dass mit möglichst wenigen solcher Faktoren möglichst viel der totalen Varianz der ursprünglichen Variablen erfasst wird. Dabei erweisen sich die Ziele ‚möglichst wenige Faktoren' und ‚möglichst viel Varianz erfassen' als gegenläufig, so dass Kompromisslösungen gefunden werden müssen, die von subjektiven Aspekten abhängig sind. In diesem Kontext angewendet, stellt die Faktorenanalyse ein deskriptives Verfahren der Datenreduktion dar" (Ost 1984, S. 575).

Abb. 8.2.3: SPSS-Ausgabe zur Hauptkomponentenmethode

Erklärte Gesamtvarianz

	Anfängliche Eigenwerte			Summen von quadrierten Faktorladungen für Extraktion		
Komponente	Gesamt	% der Varianz	Kumulierte %	Gesamt	% der Varianz	Kumulierte %
1	3,660	20,334	20,334	3,660	20,334	20,334
2	2,157	11,982	32,316	2,157	11,982	32,316
3	1,843	10,237	42,553	1,843	10,237	42,553
4	1,342	7,456	50,010	1,342	7,456	50,010
5	1,162	6,455	56,465	1,162	6,455	56,465
6	,974	5,411	61,876	,974	5,411	61,876
7	,948	5,267	67,143	,948	5,267	67,143
8	,828	4,601	71,744	,828	4,601	71,744
9	,710	3,944	75,688	,710	3,944	75,688
10	,683	3,795	79,482	,683	3,795	79,482
11	,644	3,578	83,060	,644	3,578	83,060
12	,607	3,372	86,432	,607	3,372	86,432
13	,525	2,918	89,350	,525	2,918	89,350
14	,456	2,534	91,885	,456	2,534	91,885
15	,433	2,404	94,288	,433	2,404	94,288
16	,420	2,335	96,623	,420	2,335	96,623
17	,344	1,909	98,533	,344	1,909	98,533
18	,264	1,467	100,000	,264	1,467	100,000

Extraktionsmethode: Hauptkomponentenanalyse.

Bei diesem Autor fanden wir auch einige gebräuchliche Kriterien, die zur Festlegung der Faktorenzahl herangezogen werden können (S. 603). Dazu gehört unter anderem auch die in SPSS gegebene Voreinstellung, alle Komponenten mit „Eigenwerten" größer als Eins zu berücksichtigen. Dabei wollen wir hier nicht näher darauf eingehen, was mit Eigenwerten gemeint ist. Es sei nur soviel gesagt, dass sie in direktem Zusammenhang mit der erklärten Varianz stehen. Dies wird auch deutlich, wenn wir uns den SPSS-Ausgabe zu der von uns durchgeführten Hauptkomponentenmethode ansehen (siehe oben).

Diese Ausgabe enthält zwei getrennte Tabellen. In beiden Tabellen finden wir neben den bereits oben angegebenen Varianzanteilen für die Faktoren auch die Eigenwerte (Eigenvalue). Die linke Tabelle enthält diese Informationen für alle möglichen Faktoren, die rechte für die extrahierten Faktoren. Da wir zunächst die Bildung von 18 Faktoren vorgegeben hatten, sind hier beide Tabellen identisch.

Als Entscheidungshilfe haben wir uns zudem noch den sogenannten Scree-Plot ausgeben lassen. In diesem werden die Eigenwerte gegen die Faktornummern abgetragen.

Abb. 8.2.4: Eigenwerte im Scree-Plot

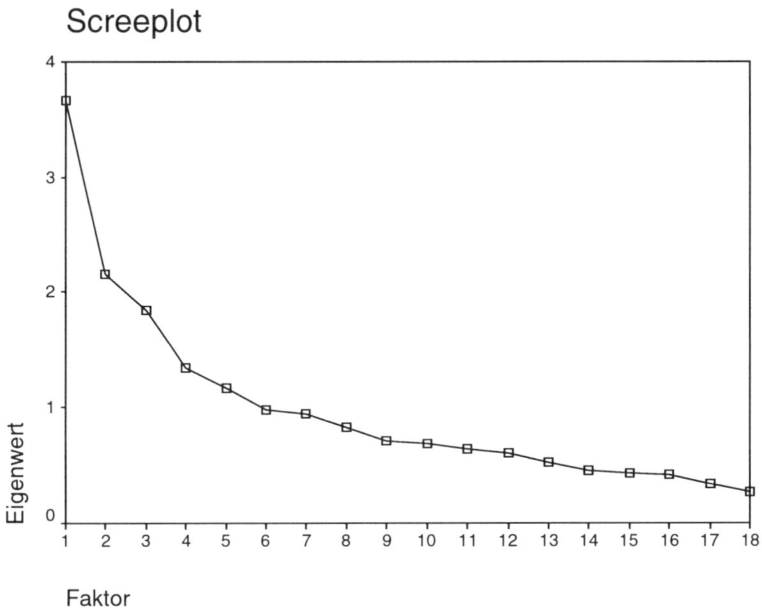

Im Idealfall ist beim Scree-Plot ein eindeutiger Knick der Kurve zu erkennen, und es wird die Faktorenzahl an der Knickstelle gewählt. In unserem Fall scheint bei sechs Faktoren ein solcher Knick vorzuliegen. Die Eigenwerte der ersten fünf Komponenten liegen über Eins. Da der Eigenwert des sechsten Faktors nur knapp unter Eins liegt, haben wir beide Kriterien so interpretiert, dass dieser Faktor auch noch berücksichtigt wurde. Mit sechs Faktoren haben wir dann einen erklärten Varianzanteil von 61,9%, womit wir zufrieden waren.

Als nächstes ließen wir die Hauptkomponentenmethode von SPSS nochmals mit veränderten Einstellungen durchlaufen. Als Faktorenzahl gaben wir gemäß unserer Entscheidung sechs an.

Bei dem Matrizenrechnungsbeispiel geschah die Reduzierung durch Entfernen von Spalten, d.h. Faktoren, aus der ersten Matrix und Zeilen aus der zweiten. Genauso wird hier die Reduzierung von 18 auf sechs Faktoren durchgeführt. Als Ergebnis erhalten wir die Faktorwerte für sechs Faktoren und die dazugehörige 6-zeilige Faktorladungsmatrix.

Um die so erhaltenen Ergebnisse besser interpretieren zu können, haben wir sie in einem zusätzlichen Schritt noch weiter überarbeitet („rotiert"). Bei der Rotation bleibt das Produkt von Faktorwertematrix und Faktorladungsmatrix, das schließlich für den erklärten Varianzanteil verantwortlich ist, gleich. Bei einem einfachen Zahlenbeispiel ließe sich zum Beispiel das Ergebnis 10 als Produkt von 2 und 5 darstellen: $2 \cdot 5 = 10$. Nehmen wir dann die 4 anstelle der 2 und die 2,5 anstelle der 5, so gilt immer noch: $4 \cdot 2{,}5 = 10$. Hier lassen sich schnell noch weitere Beispiele ausdenken, die Zahlen 2 und 5 so zu ändern, dass das Produkt weiterhin 10 ist. Genauso gibt es eine Reihe von Möglichkeiten die Faktorwertematrix und Faktorladungsmatrix zu rotieren.

Wir haben uns für das Varimax-Verfahren entschieden. Ziel dieser Rotation ist, Faktoren herzustellen, die jeweils mit wenigen der Ursprungsvariablen in Zusammenhang stehen. Der Vorteil ist dabei, dass bei der Bestimmung der inhaltlichen Bedeutung der Faktoren entsprechend für jeden Faktor hauptsächlich diese wenigen Ursprungsvariablen bedacht werden müssen.

Als Ergebnis der Hauptkomponentenmethode haben wir unserem Datensatz sechs neue Variablen, nämlich die Faktoren mit ihren Faktorwerten, hinzugefügt. Nach der Philosophie der Faktorenanalyse wird hierbei angenommen, dass diese Faktoren das Antwortverhalten der Studierenden auf die von uns abgefragten Motivgründe bestimmen. Damit diese Modellvorstellung für uns einen Sinn ergibt, wollen wir den Faktoren nun noch eine inhaltliche Bedeutung zuschreiben. Dafür schauen wir uns an, auf welche der 18 Motivgründe die Faktoren wie in unserem Modell einwirken. Darüber gibt uns die Faktorladungsmatrix Aufschluss, die in ihr enthaltenen Werte haben wir in die nachfolgende Tabelle aufgenommen.

In der Fachsprache werden die einzelnen Zahlen der Ladungsmatrix „Ladungen“ genannt. In obiger Tabelle geben die Zeilen- und Spaltenbeschriftungen an, welche Ladungen jeweils für den Zusammenhang zwischen den Faktoren und Aussageitems wichtig sind. Je höher der absolute Wert einer Ladung, desto mehr Einfluss hat der Faktor auf die Beantwortung des Aussageitems. In obiger Tabelle haben wir die Aussageitems so gruppiert, dass sie jeweils dem Faktor zugeschrieben werden, auf den sie – wie man sagt – „hoch laden“. Dies war möglich, weil wir bei der Rotation das Varimax-Verfahren gewählt hatten.

Betrachten wir der Einfachheit halber zum Beispiel zuerst *Faktor 3*, so sind es die Motive „Studiengang verspricht kurze Studiendauer“ und „Studiengang verspricht leichteren Abschluss“ auf die der Faktor hoch lädt. Da es sich hierbei anscheinend um eine Motivlage handelt, bei der das Studium vornehmlich als Mittel zum Zweck „Erreichen eines Diploms“ angesehen wird, nannten wir diesen Faktor *Pragmatismus*.

Tab. 8.2.3: Beschreibung der Faktoren

Entscheidungsgründe für Studium und Studiengang	Faktor 1	Faktor 2	Faktor 3	Faktor 4	Faktor 5	Faktor 6
Stud.-gang lässt hohen Verdienst erwarten	,845	-,096	-,030	,074	,081	,011
Stud.-gang lässt gute berufl. Entwicklung erwarten	,844	-,005	,005	-,025	-,006	-,010
Stud.-gang verspricht gute Arbeitsmarktlage	,768	-,041	,129	-,006	-,041	-,103
Studium verbessert Arbeitsmarktchancen	,726	-,076	-,019	-,058	,230	,085
Studium lässt gute berufl. Existenz erwarten	,713	-,018	-,010	-,112	,240	,179
Studium bot sich nach guter schulischer Leistung an	,314	,225	-,067	,202	,291	-,131
Stud.-gang entspricht meiner Neigung	-,047	,816	,010	-,102	-,075	-,044
Wahl des Stud.-ganges aus besonderem Interesse	-,074	,750	-,028	-,080	,034	-,025
Studium um Neigungen nachzugehen	-,048	,750	-,041	,192	,025	-,008
Stud.-gang verspricht kurze Studiendauer	,176	-,012	,831	-,004	-,012	,072
Stud.-gang verspricht leichteren Abschluss	-,108	-,030	,821	,206	,031	-,047
Studium, um Lebensvorstellungen umzusetzen	,071	,147	,034	,816	,021	,005
Studium, um Zeit zum Nachdenken zu gewinnen	-,153	-,166	,158	,700	,105	-,078
Studium ist in meiner Familie selbstverständlich	,096	-,046	-,031	,010	,736	-,260
Studium, um höheres Ansehen zu geniessen	,364	-,014	,101	,114	,630	,225
Studium, um vorhandene Ausbildung zu vertiefen	,021	-,155	,148	-,200	-,012	,761
Studium mangels Ausbildungsalternative	-,065	-,020	,336	-,082	,257	-,566
Studium, um Bildung und Horizont zu erweitern	,009	,390	,115	,189	,394	,457
Anteil erklärter Varianz (Σ 61,9%)	20,3%	12,0%	10,2%	7,5%	6,5%	5,4%

Quelle: Datensatz „Studieren im Revier", HDZ Dortmund

Entsprechend dieser Vorgehensweise haben wir allen Faktoren eine Bedeutung zugewiesen: Auf Faktor 1 laden Statements hoch, die in der Leistungsgesellschaft mit dem Begriff Karriere assoziiert werden: Hoher Verdienst, gute berufliche Entwicklungsmöglichkeiten, gute Arbeitsmarktlage, gute Arbeitsmarktchancen und die Erwartung, eine gute berufliche Existenz erreichen zu können, höheres Ansehen. Auf Faktor 2 laden vor allem die Items hoch, die auf Neigungen der Studierenden und auf besonderes Interesse am Studiengang abzielen. Er wird im wesentlichen durch „klassische" intrinsische Motive bestimmt und als Fachinteresse bezeichnet. Faktor 4 wird geprägt von den Items „Studium, um Lebensvorstellungen umsetzen zu können" und „Studieren, um Zeit zum Nachdenken zu gewinnen". Bei diesem Faktor bündeln sich dementsprechend Motive, die andeuten, ob Studierende sich noch orientieren wollen (müssen), weil sie noch nicht genau wissen, wohin sie das Studium führen soll. Grund genug, ihn Moratorium (Orientierung) zu nennen. Auf Faktor 5 laden insbesondere die Items hoch, die aussagen, Studieren sei in der Familie selbstverständlich und man wolle durch das Studium ein höheres Ansehen erreichen. Somit ist dieser Faktor nach unserer Interpretation Ausdruck für Statuserhaltungs- und Prestigegedanken: Prestige. Faktor 6 wird bestimmt durch Items, die auf Weiterbildung abzielen, wobei es zum einen um Ausbildungsvertiefung und zum anderen um die Erweiterung des Bildungshorizontes im allgemeinen geht. Weil in diesem Faktor das Item „weil ich keine andere Möglichkeit für eine Ausbildung sah“ negativ lädt, ist zu vermuten, dass sich hier Studierende aus eigener Kraft für ein Weiterkommen entschieden haben und ziemlich genau wissen, was sie tun oder was sie mit dem Studium erreichen wollen. Anlass, ihn mit Weiterbildung zu charakterisieren.

Zum Schluss hatten wir also in unserem Datensatz sechs neue Variablen, von denen wir annahmen, dass mit ihnen die Motive Interesse an Karriere, Fachinteresse, Pragmatismus, Moratorium, Prestige und Weiterbildung gemessen werden. Mit diesen Variablen konnten wir dann genauso wie mit allen anderen Variablen im Datensatz arbeiten. Dabei war es vor allem wichtig, uns zu verdeutlichen, wie die Werte dieser Variablen zu lesen sind. Als Beispiel sei Faktor 1: „Karriere“ betrachtet. Für jeden Studierenden enhält der Datensatz nach Durchführung der Analyse einen Wert zwischen -2,41 und 2,66 für diese Variable. Welchen Wert ein bestimmter Studierender erhalten hat, hängt von seinen Antworten auf die 18 abgefragten Aussageitems ab und lässt sich durch die Ergebnisse der Hauptkomponentenmethode genau nachvollziehen. Bei uns ließ sich dadurch zum Beispiel ableiten, dass Studierende umso niedrigere Faktorwerte erhielten, je wichtiger ihnen die Items zur Karriere für die Wahl des Studiums waren.

Am Beispiel des Faktors „Karriere“ wollen wir an dieser Stelle noch demonstrieren, wie wir mit den Faktoren weitergearbeitet haben. Da uns ein Studiengangvergleich der Motive vorschwebte, wurde zu jedem Faktor die empirischen Verteilungsfunktionen der Faktorwerte des jeweiligen Studienganges in einer Graphik dargestellt. Bei den empirischen Verteilungsfunktionen wird jeweils für alle vorkommmenden Faktorwerte die kumulierte relative Häufigkeit vom kleinsten auftretenden Wert bis zu diesem Wert abgetragen.

In der Graphik zeigt sich deutlich, dass die Verteilungsfunktionen der pädagogischen Studiengänge unterhalb derer der anderen Studiengänge liegen. Das bedeutet, dass die relativen Häufigkeiten für kleine Faktorwerte bei den Pädagogikstudierenden geringer sind als bei allen anderen Studiengängen. Da – wie oben bereits gesagt – kleinere Faktorwerte eine höheres Interesse an Karriere bedeuten, ist somit für die Pädagogikstudierenden der Karriereaspekt weniger wichtig bei der Wahl des Studiums als für die anderen Studierenden. Weiterhin wird bei allen Studiengängen ersichtlich, dass die Verteilungsfunktionen der FH-Studiengänge unter denen der universitären Vergleichstudiengänge liegen. Dementsprechend ist die Karriereorientierung in den FH-Studiengängen weniger stark ausgeprägt als in den Universitätsstudiengängen.

Abb. 8.2.5: Empirische Verteilungsfunktion zu „Karriere“

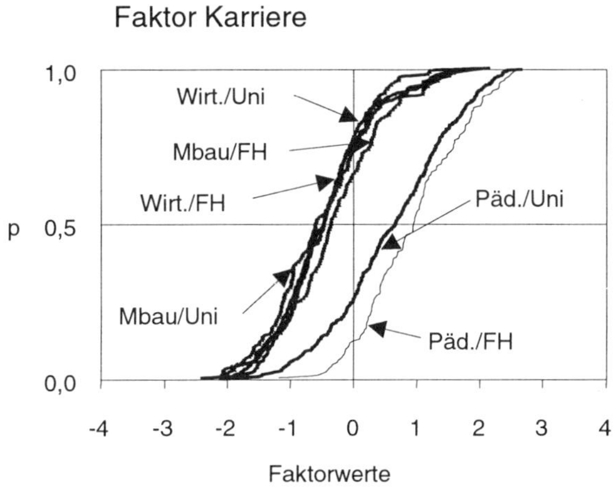

8.3 Alles ist relativ: Korrespondenzanalyse

Wer die Lebenssituation von Studierenden ergründen will, fragt für gewöhnlich zunächst mal nach deren Wohnsituation. Bei unserer Frage D7: „Wo wohnen Sie in diesem Semester?“ brauchten die Befragten lediglich die auf sie zutreffende Wohnsituation aus den vorgegebenen Antworten anzukreuzen. Nachdem wir im Anschluss an die Grundauswertung zwei Kategorien zusammengefasst hatten und bei „Sonstiges“ niemand etwas angegeben hatte, verblieben fünf Kategorien für die weitere Analyse:

- Bei den Eltern
- Eigene Wohnung
- Wohnheim
- Wohngemeinschaft
- Untermiete/Verwandte

Bei der Wohnsituation interessierten wir uns vor allem für Unterschiede zwischen den Studierenden verschiedener Fachrichtungen und Hochschularten. Für letztgenannte Charakterisierung der Studierendengruppen hatten wir eine Studienrichtungs-Variable mit sechs Ausprägungen gebildet (Wirtschaft-Uni, Wirtschaft-FH, Maschinenbau-Uni, ...).

Bei den Variablen „Wohnsituation“ und „Studienrichtung“ ist somit die Anzahl der möglichen Kategorien begrenzt und jedes Objekt (hier jede StudentIn) fällt in eine der Kategorien; damit haben wir es mit *kategorialen Variablen* zu tun. Die Angaben zu solchen Variablen lassen sich in einer Tabelle darstellen:

Tab. 8.3.1: Absolute Häufigkeiten zur Wohnsituation

Wohnsituation	Studierendengruppe Wirt. Uni	Mbau Uni	Päd. Uni	Wirt. FH	Mbau FH	Päd. FH	Gesamt
bei den Eltern	173	58	93	67	53	31	475
eigene Wohnung	171	50	235	104	45	90	695
Wohnheim	41	25	21	7	8	10	112
Wohngemeinschaft	14	15	43	6	11	16	105
Untermiete/Verwandte	11	3	6	5	2	4	31
Gesamt	410	151	398	189	119	151	1418

Quelle: Datensatz „Studieren im Revier", HDZ Dortmund

Solche Tabellen, in die die absoluten Häufigkeiten der kategorialen Variablen eingetragen werden, heißen in der Fachsprache *Kontingenztafeln*. Einige Möglichkeiten, sich die Informationen dieser Tabellen zu erschließen, haben wir bereits in Kapitel 7 geschildert. Neben diesen einfachen grafischen Darstellungen wie zum Beispiel Balken- und Tortendiagramme gibt es noch eine Reihe weiterreichender statistischer Verfahren, um Kontingenztafeln auszuwerten.

Dazu gehört auch die Korrespondenzanalyse. Sie zählt zu den explorativen, multivariaten Analyseverfahren für kategoriale Daten und liefert interpretierbare numerische Ergebnisse sowie grafische Darstellungen. Mit der graphischen Darstellung wollten wir die Unterschiede bzw. Ähnlichkeiten der Studierendengruppen bezüglich der Wohnsituation anschaulich abbilden. Wie wir durch Komprimierung der in der Tabelle enthaltenen Informationen zu einer solchen Graphik gelangen, wird nachfolgend beschrieben.

Grundlage einer Einfachen Korrespondenzanalyse bildet immer eine Kontingenztafel aus zwei Variablen, wie sie bei uns für die Wohnsituation und die Studienrichtung vorliegt. In Kapitel 7.1 haben wir bereits beschrieben, dass es von der Fragestellung abhängt, ob es sinnvoller ist, Zeilen- oder Spaltenprozentwerte zu betrachten.

Wie bereits erwähnt, interessierte uns, welche der sechs Studierendengruppen ein ähnliches (bzw. unterschiedliches) Wohnverhalten aufweisen. Dazu bot es sich an, Spaltenprozentwerte zu betrachten:

Tab. 8.3.2: Prozentwerte zur Wohnsituation

Wohnsituation	Studierendengruppe Wirt. Uni	Mbau Uni	Päd. Uni	Wirt. FH	Mbau FH	Päd. FH	Gesamt
bei den Eltern	42,2%	38,4%	23,4%	35,4%	44,5%	20,5%	33,5%
eigene Wohnung	41,7%	33,1%	59,0%	55,0%	37,8%	59,6%	49,0%
Wohnheim	10,0%	16,6%	5,3%	3,7%	6,7%	6,6%	7,9%
Wohngemeinschaft	3,4%	9,9%	10,8%	3,2%	9,2%	10,6%	7,4%
Untermiete/Verwandte	2,7%	2,0%	1,5%	2,6%	1,7%	2,6%	2,2%
Gesamt	100%	100%	100%	100%	100%	100%	100%

Quelle: Datensatz „Studieren im Revier", HDZ Dortmund

An Stelle dieser aus den absoluten Häufigkeiten berechneten Prozentwerte können auch *relative Häufigkeiten* betrachtet werden. Aus den Prozentwerten werden diese durch Division mit Hundert berechnet.

Tab. 8.3.3: Relative Häufigkeiten zur Wohnsituation

	Studierendengruppe						
Wohnsituation	Wirt. Uni	Mbau Uni	Päd. Uni	Wirt. FH	Mbau FH	Päd. FH	Gesamt
bei den Eltern	0,422	0,384	0,234	0,354	0,445	0,205	0,335
eigene Wohnung	0,417	0,331	0,590	0,550	0,378	0,596	0,490
Wohnheim	0,100	0,166	0,053	0,037	0,067	0,066	0,079
Wohngemeinschaft	0,034	0,099	0,108	0,032	0,092	0,106	0,074
Untermiete/Verwandte	0,027	0,020	0,015	0,026	0,017	0,026	0,022
Gesamt	1,000	1,000	1,000	1,000	1,000	1,000	1,000

Quelle: Datensatz „Studieren im Revier“, HDZ Dortmund

Die Prozentwerte bzw. die für die Korrrespondenzanalyse verwendeten relativen Häufigkeiten für eine Studierendengruppe, also z.B. für die Uni-Wiwis, geben sozusagen deren „Wohnprofil“ wieder. Da sie in den Spalten der Tabelle stehen, heißen sie im Kontext der Korrespondenzanalyse *Spaltenprofile.*

Das Spaltenprofil für die Uni-Wiwis besteht also aus den Werten:

Mathematisch gesehen bilden diese Werte einen fünfdimensionalen Vektor.

$$\begin{bmatrix} 0{,}422 \\ 0{,}417 \\ 0{,}100 \\ 0{,}034 \\ 0{,}027 \end{bmatrix}$$

Ein solcher Vektor mit relativen Häufigkeiten kann auch für alle Studierenden zusammen gebildet werden (siehe Tabelle 8.3.3, Spalte „Gesamt“).

Bei der Betrachtung der relativen Häufigkeiten geht aber die Information über die ursprüngliche Gruppengröße verloren. Ein Blick in die Tabelle mit den absoluten Zahlen zeigt, dass die Uni-Wiwis mit insgesamt 410 Studierenden eine deutlich größere Gruppe bilden als zum Beispiel die Uni-MaschinenbauerInnen mit 151 Studierenden. Ein Größenunterschied also, der bei der weiteren Analyse berücksichtigt werden muss. Dies geschieht bei der Korrespondenzanalyse durch unterschiedliche Gewichtung der Gruppen. Dabei bekommt jede Studierendengruppe proportional zu ihrer Größe eine sogenannte „Masse“ zugeordnet. Genauer gesagt, entspricht diese Masse der Gruppengröße dividiert durch die Gesamtzahl der Studierenden, für die Uni-Wiwis also $410 \div 1418 = 0{,}2891$. Die Uni-MaschinenbauerInnen erhalten entsprechend eine kleinere Masse von $151 \div 1418 = 0{,}1065$. Diese zu den einzelnen Spalten der Tafel gehörenden Massen werden *Spaltenmassen* (*column masses*) genannt.

Mit den Spaltenmassen lässt sich zum Beispiel erklären, warum im Rahmen der Korrespondenzanalyse der Vektor der relativen Häufigkeiten für die Gesamtheit der Studierenden *durchschnittliches Spaltenprofil* genannt wird. Er berechnet sich als gewichteter Mittelwert der Profile der Studierendengruppen, d.h. diese werden erst mit ihrer Masse multipliziert und dann aufsummiert. Der Wert 0,335 für Wohnen bei den Eltern berechnet sich folgendermaßen:

Masse der Uni-Wiwis

$$0{,}422 \cdot 0{,}289 + 0{,}384 \cdot 0{,}106 + 0{,}234 \cdot 0{,}281 + 0{,}354 \cdot 0{,}133 + 0{,}445 \cdot 0{,}084 + 0{,}205 \cdot 0{,}106 = 0{,}336$$

Relative Häufigkeit für Uni-Wiwi „*Bei den Eltern*“

Jedes der Profile entspricht einem 5-dimensionalen Vektor, wie er weiter oben als Beispiel bereits für die Uni-Wiwis angegeben ist. Betrachten wir die Studierendengruppen nur im Hinblick auf „Wohnen bei den Eltern“, so ist jede Studierendengruppe und die gesamte Gruppe durch eine Zahl charakterisiert:

Wiwi-Uni	Mbau-Uni	Päd-Uni	Wiwi-FH	Mbau-FH	Päd-FH	Gesamt
[0,422]	[0,384]	[0,234]	[0,354]	[0,445]	[0,205]	[0,335]

Diese Zahlen lassen sich auf einem Zahlenstrahl abtragen:

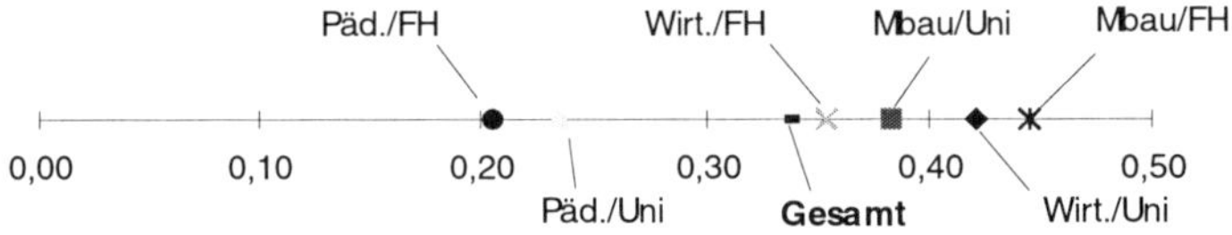

Nehmen wir die eigene Wohnung hinzu, haben wir zweidimensionale Vektoren:

Wiwi-Uni	Mbau-Uni	Päd-Uni	Wiwi-FH	Mbau-FH	Päd-FH	Gesamt
$\begin{pmatrix} 0{,}422 \\ 0{,}417 \end{pmatrix}$	$\begin{pmatrix} 0{,}384 \\ 0{,}331 \end{pmatrix}$	$\begin{pmatrix} 0{,}234 \\ 0{,}590 \end{pmatrix}$	$\begin{pmatrix} 0{,}354 \\ 0{,}550 \end{pmatrix}$	$\begin{pmatrix} 0{,}445 \\ 0{,}378 \end{pmatrix}$	$\begin{pmatrix} 0{,}205 \\ 0{,}596 \end{pmatrix}$	$\begin{pmatrix} 0{,}335 \\ 0{,}490 \end{pmatrix}$

die sich in einem zweidimensionalen Raum darstellen lassen:

Abb. 8.3.1: Darstellung der Vektoren im Koordinatensystem

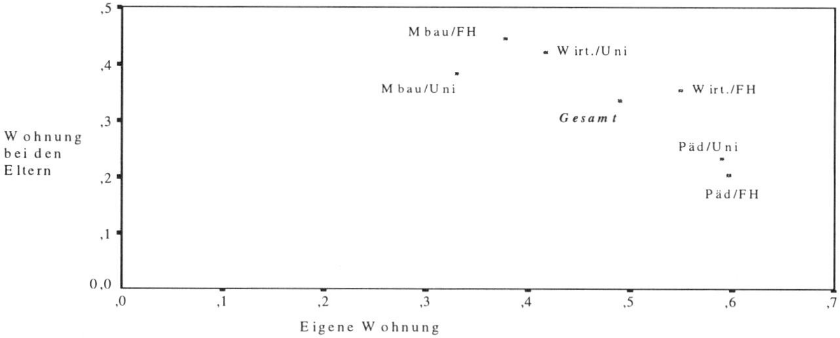

Kommt noch die Wohnsituation „Wohnheim" dazu, sind die entsprechenden dreidimensionalen Vektoren im dreidimensionalen Raum darstellbar. Dies lässt sich gedanklich solange fortsetzen, bis wir einen fünfdimensionalen Raum haben, in dem jeder Studierendengruppe durch ihre fünf Werte für die Wohnsituation eine Position zugeordnet ist. Dabei wird auch dem durchschnittlichen Spaltenprofil eine Position zugeordnet.

Genauso, wie die Abstände zwischen zwei Studierenden auf dem Zahlenstrahl bzw. in dem zweidimensionalen Raum mit dem Lineal ausgemesen werden können, ist dies rein theoretisch auch im fünfdimensionalen Raum möglich. Praktikabel ist dies jedoch nicht. Zum Glück kann jedoch mit der Korrespondenzanalyse eine solche Darstellung der Spaltenprofile aus dem hochdimensionalen Raum auf einen niedriger dimensionalen Raum projeziert werden. Wir haben die Darstellung der Studierendengruppen vom fünfdimensionalen Raum auf den zweidimensionalen Raum reduziert. Die Wohnprofile der einzelnen Studierendengruppen und des Durchschnitts werden dann nicht mehr durch fünf Werte, sondern nur noch durch zwei Werte beschrieben. Der Komprimierungsvorgang wird dabei so gewählt, dass die Abstände der Studierendengruppen zueinander und zum Durchschnitt möglichst erhalten bleiben.

Messen wir den Abstand zwischen zwei Studierendengruppen im fünfdimensionalen Raum mittels der euklidischen Distanz nicht mit dem Lineal, sondern berechnen sie aus den Spaltenprofilen, so bilden wir die Wurzel der Summe der quadrierten Distanzen zwischen den relativen Häufigkeiten der Wohnsituation (siehe Tabelle 8.3.3), d.h. zum Beispiel für Uni-Wiwis und Uni-Päds:

$$\sqrt{(0{,}422-0{,}234)^2+(0{,}417-0{,}590)^2+(0{,}100-0{,}053)^2+(0{,}034-0{,}108)^2+(0{,}027-0{,}015)^2}=0{,}271$$

Als Abstand zwischen den Gruppen wird bei der Korrespondenzanalyse nicht der euklidische Abstand verwendet, wie wir ihn mit dem Lineal abmessen, sondern eine sogenannte *Chi-Quadrat-Distanz*. Bei der Chi-Quadrat-Distanz werden die Unterschiede bei weniger häufigen Wohnsituationen im Gegensatz zur euklidischen Distanz etwas höher gewichtet und die Unterschiede bei häufigeren Wohnsituationen etwas niedriger. Dies geschieht durch Gewichtung der quadrierten Differenzen der relativen Häufigkeiten mit der relativen Gesamthäufigkeit.

Die Chi-Quadrat-Distanz zwischen den Spaltenprofilen für die Uni-Wiwis und die Uni-Päds berechnet sich zum Beispiel folgendermaßen:

$$\sqrt{\frac{(0{,}422-0{,}234)^2}{0{,}335}+\frac{(0{,}417-0{,}590)^2}{0{,}490}+\frac{(0{,}100-0{,}053)^2}{0{,}079}+\frac{(0{,}034-0{,}108)^2}{0{,}074}+\frac{(0{,}027-0{,}015)^2}{0{,}022}}=0{,}525$$

Zum Vergleich berechnen wir noch die Chi-Quadrat-Distanz der Uni-Päds zu den FH-Päds:

$$\sqrt{\frac{(0{,}234-0{,}205)^2}{0{,}335}+\frac{(0{,}590-0{,}596)^2}{0{,}490}+\frac{(0{,}053-0{,}066)^2}{0{,}079}+\frac{(0{,}108-0106)^2}{0{,}074}+\frac{(0{,}015-0{,}026)^2}{0{,}022}}=0{,}104$$

Die Distanz der Uni-Päds zu den Uni-Wiwis ist mit einem Wert von 0,525 also größer als zu den FH-Päds mit 0,104. Dieses Ergebnis spiegelt natürlich die Ähnlichkeit bzw. Unterschiedlichkeit der Prozentwerte der Studierendengruppen in Tabelle 8.3.3 wider, die schließlich der ganzen Rechnerei zugrundelag.

Chi-Quadrat-Distanzen können nicht nur zwischen Spaltenprofilen von je zwei Studierendengruppen berechnet werden, sondern auch zum durchschnittlichen Profil. Zum Beispiel beträgt die Chi-Quadrat-Distanz zwischen dem Spaltenprofil für Uni-Wiwis und dem durchschnitttlichen Profil:

$$\sqrt{\frac{(0{,}422-0{,}335)^2}{0{,}335}+\frac{(0{,}417-0{,}490)^2}{0{,}490}+\frac{(0{,}100-0{,}079)^2}{0{,}079}+\frac{(0{,}034-0{,}074)^2}{0{,}074}+\frac{(0{,}027-0{,}022)^2}{0{,}022}}=0{,}248$$

Diese Distanzen im fünfdimensionalen Raum sollen bei der Reduzierung auf den niedrigerdimensionalen Raum bestmöglichst erhalten bleiben. Auszuführen, wie dies anhand von Methoden der Matrizenrechnung realisiert wird, würde hier zu weit führen. Deshalb empfehlen wir Interessierten, einen Blick in die entsprechende Fachliteratur zu werfen (wie z.B. Greenacre und Blasius (1994) und Greenacre (1984)).

Bei der Reduzierung unserer fünfdimensionalen Profile der Studierendengruppen erhielten wir folgende zweidimensionale Vektoren:

Wiwi-Uni	Mbau-Uni	Päd-Uni	Wiwi-FH	Mbau-FH	Päd-FH	Gesamt
$\begin{pmatrix}-0{,}235\\0{,}71\end{pmatrix}$	$\begin{pmatrix}-0{,}275\\-0{,}291\end{pmatrix}$	$\begin{pmatrix}0{,}234\\-0{,}042\end{pmatrix}$	$\begin{pmatrix}0{,}034\\0{,}234\end{pmatrix}$	$\begin{pmatrix}-0{,}170\\-0{,}023\end{pmatrix}$	$\begin{pmatrix}0{,}283\\0{,}065\end{pmatrix}$	$\begin{pmatrix}0{,}0\\0{,}0\end{pmatrix}$

Diese können nun in einem zweidimensionalen Koordinatensystem abgetragen werden.

Abb. 8.3.2: Darstellung der Vektoren im SPSS-Koordinatensystem

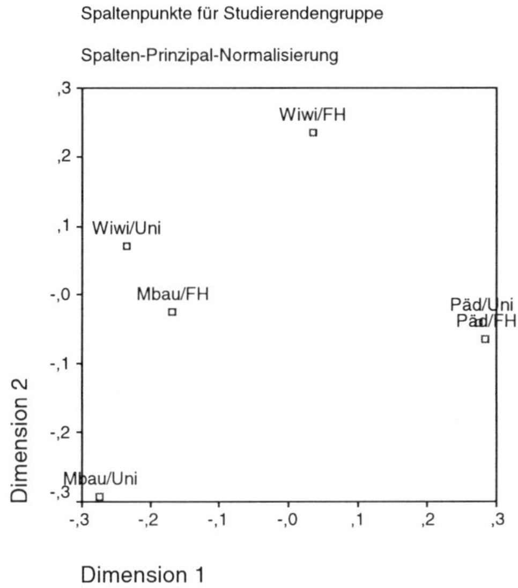

Sehen wir uns die Grafik an, so sind die einzelnen Studierendengruppen unterschiedlich weit voneinander entfernt. Die Pädagogikstudierenden der Fachhochschule und Universität liegen verhältnismäßig nah beieinander, d.h. sie sind sich in Bezug auf die Wohnsituation deutlich ähnlicher als die restlichen Studierendengruppen. Die Wirtschaft-FH-Studierenden und die Maschinenbau-Uni-Studierenden setzen sich von allen anderen Studierendengruppen ab. Der Abstand zwischen Wiwi-Uni und Mbau-FH ist zwar größer als zwischen den Pädagogikstudierenden, aber kleiner als zwischen allen anderen Gruppen.

Selbstredend stellt sich bei dieser Betrachtung die Frage, wie genau die Abstände, d.h. die Unterschiede zwischen den Studierendengruppen in dieser reduzierten Darstellung im Vergleich zu der entsprechenden Darstellung im fünfdimensionalen Raum sind. Der Blick in die Grafik legt jedenfalls den Schluss nahe, dass die oben exemplarisch berechneten Abstände zwischen Päd-Uni und Päd-FH (0,104) und zwischen Päd-Uni und Wiwi-Uni (0,525) gut wiedergegeben sind.

Dies ist darauf zurückzuführen, dass die bei der Reduzierung verwendeten Methoden der Matrizenrechnung so gewählt sind, dass die euklidischen Abstände zwischen den neugebildeten zweidimensionalen Vektoren möglichst den Chi-Quadrat-Abständen zwischen den ursprünglichen fünfdimensionalen Spaltenprofilen entsprechen. Der euklidische Abstand zwischen den neugebildeten Vektoren für Uni-Wiwi und Uni-Päd beträgt:

$$\sqrt{(-0{,}235-0{,}274)^2+(0{,}071-(-0{,}042))^2}=0{,}521$$

Der Abstand zwischen Uni-Wiwis und Uni-Päds in der reduzierten Graphik (Abb. 8.3.2) beträgt also 0,521 und entspricht damit ungefähr dem Chi-Quadrat-Abstand zwischen den entsprechenden Spaltenprofilen. Genauso verhält es sich mit allen anderen Abständen in der Graphik. Als Maßzahl für die Genauigkeit, mit der die reduzierte Darstellung die urspünglichen Abstände wiedergibt, wird die sogenannte „Trägheit“ oder auch „Inertia“ verwendet. Anschaulich ist sie ein Maß dafür, wie weit Punkte im Raum „verstreut“ sind: je weiter diese auseinander liegen, desto größer ist die Trägheit. Sie berechnet sich als die Summe der quadrierten Chi-Quadrat-Abstände der Studierendengruppen zu ihrem Durchschnitt, wobei diese Chi-Quadrat-Abstände vorher noch mit der jeweiligen Spaltenmasse multipliziert werden.

Die Trägheit kann zunächst für die Darstellung unserer Spaltenprofile im fünfdimensionalen Raum berechnet werden, dann wird sie auch Gesamtträgheit genannt:

Abb. 8.3.3: Zusammensetzung der Gesamtträgheit/Gesamtinertia

χ^2-Abstand Uni-Wiwi zu Gesamt   Masse Uni-Wiwi

$$\mathit{Gesamtinertia}=(0{,}248)^2\cdot 0{,}289+(0{,}403)^2\cdot 0{,}106+(0{,}279)^2\cdot 0{,}281+(0{,}236)^2\cdot 0{,}133+$$
$$+(0{,}264)^2\cdot 0{,}084+(0{,}3)^2\cdot 0{,}106=0{,}0798$$

χ^2-Abstand FH-Mbau zu Gesamt   Masse FH-Mbau

Der fünfdimensionale Raum kann prinzipiell mit der durchgeführten Korrespondenzanalyse nicht nur auf einen zweidimensionalen Raum, sondern auch auf ein-, drei- oder vierdimensionale Räume reduziert werden. Für jede dieser Möglichkeiten lässt sich die Inertia berechnen, um aufgrund dieser Werte eine Entscheidung für eine möglichst sinnvolle Reduzierung zu fällen.

Zur Illustration sehen wir uns als erstes die Reduzierung unserer fünfdimensionalen Spaltenprofile auf eine Dimension an:

Wiwi-Uni	Mbau-Uni	Päd-Uni	Wiwi-FH	Mbau-FH	Päd-FH	Gesamt
[– 0,235]	[– 0,275]	[0,274]	[0,034]	[– 0,170]	[0,283]	[0,0]

Berechnen wir entsprechend für diese Darstellung die Inertia, ergibt sich:

$$(-0{,}235)^2 \cdot 0{,}289 + (-0{,}275)^2 \cdot 0{,}106 + (0{,}274)^2 \cdot 0{,}281 + (0{,}034)^2 \cdot 0{,}133 + (-0{,}17)^2 \cdot 0{,}084 + (0{,}283)^2 \cdot 0{,}106 = 0{,}056$$

Wenn wir uns die Ausgabe von SPSS ansehen, finden wir die beiden Werte für die Gesamtträgheit und die Trägheit bei Reduzierung auf eine Dimension wieder.

Abb. 8.3.4: SPSS-Ausgabe

Auswertung

Dimension	Singulärwert	Auswertung für Trägheit	Chi-Quadrat	Sig.	Anteil der Trägheit: Bedingen	Anteil der Trägheit: Kumuliert	Singulärwert für Konfidenz: Standardabweichung	Singulärwert für Konfidenz: Korrelation 2
1	,237	,056			,706	,706	,026	-,019
2	,137	,019			,236	,941	,026	
3	,066	,004			,055	,996		
4	,018	,000			,004	1,000		
Gesamtauswertun		,080	113,120	,000[a]	1,000	1,000		

a. 20 Freiheitsgrade

Da von der ursprünglichen Trägheit mit dem Wert von 0,07977 bei einer Dimension noch eine Trägheit von 0,05629 übrig bleibt, spricht man allgemein davon, dass 0,05629 ÷ 0,07977 = 0,706, sprich 70,6% *erklärter Anteil* erhalten geblieben sind (drittletzte Spalte der Ausgabe/erste Zeile).

Die Trägheit für zwei Dimensionen beträgt 0,0751. Im Vergleich zu einer Dimension sind also 0,0751 – 0,05629 = 0,01881 dazugekommen, bzw. 0,01881 ÷ 0,07977 = 0,236, sprich 23,6%. Insgesamt werden bei Verwendung einer zweidimensionalen Darstellung 94,1% des fünfdimensionalen Gesamtbildes erklärt, womit wir sehr zufrieden sind. Die Hinzunahme einer weiteren, dritten Dimension würde nur eine geringe Verbesserung (5,5%) der Wiedergabequalität der fünfdimensionalen Darstellung bringen. In diesem Fall haben wir uns dafür entschieden, zwei Dimensionen abzubilden. Bei der Interpretation der bereits dargestellten Graphik sollten auch die numerischen Ergebnisse der Korrespondenzmethode im Auge behalten werden.

Zur Erinnerung: am Anfang der beschriebenen Korrespondenzanalyse berechneten wir die Spaltenprozentwerte, weil wir einen Vergleich der Studierendengruppen anstrebten. Prinzipiell wäre es auch möglich gewesen, Zeilenprozentwerte zugrundezulegen. Dann aber hätte die Frage gelautet: Wie unterscheiden sich die Wohnsituationen? Eine Frage, die wenig Sinn gemacht hätte.

Interessant wäre es hingegen, aus der Graphik zusätzlich ersehen zu können, durch welche Wohnsituationen sich die Unterschiede zwischen den Studierendengruppen jeweils begründen. Häufig werden zu diesem Zweck die beiden Grafiken, welche durch separate Analysen der Spaltenprofile und der

Zeilenprofile erzeugt werden, übereinandergelegt. Dabei sind aber die Abstände zwischen den Punkten der Studierendengruppen und den Punkten der Wohnsituation nicht direkt interpretierbar.

Wir haben uns daher für die sogenannte asymmetrische Darstellung entschieden. Hierbei werden in unsere obige Graphik zusätzlich für die Wohnsituationen extreme Punkte eingetragen.

Abb. 8.3.5: Rohfassung einer SPSS Graphik als vorläufiges Endergebnis unserer Korrespondenzanalyse

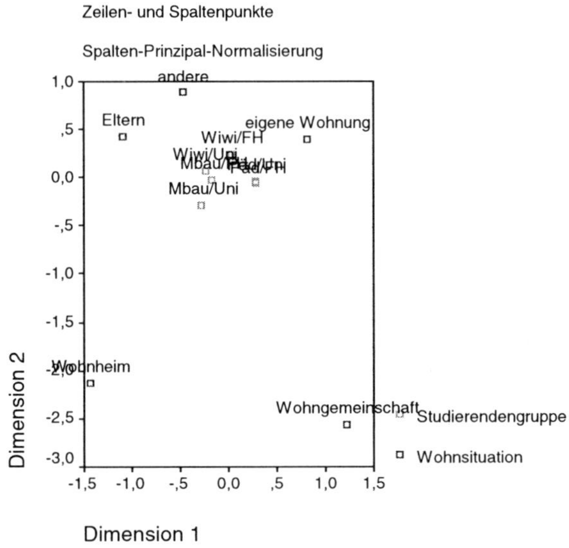

Wie diese Punkte zustande kommen, haben wir uns folgendermaßen vorzustellen: In unserem ursprünglichen fünfdimensionalen Raum wird die Position einer Wohnsituation so bestimmt, dass das Spaltenprofil einer Studierendengruppe genau auf die Position einer Wohnsituation fallen würde, wenn alle Studierenden der Gruppe diese Wohnsituation angegeben hätten. Im Verfahren der Reduzierung auf den zweidimensionalen Raum werden auch diese Extrempunkte für die Wohnsituationen, natürlich mit einem Genauigkeitsverlust, übertragen.

Da uns die von SPSS erstellte Graphik nicht sonderlich gefiel, haben wir die entsprechenden Koordinatenwerte nach Excel übertragen und dort eine Graphik erstellt, in der wir dann auch die Beschriftung der einzelnen Punkte ansprechender gestalten konnten. Beim Erstellen der Graphik wie beim anschließenden Einbinden in „Word“ achteten wir darauf, dass die Achsenabstände auf beiden Achsen gleich sind. Ansonsten würde die Darstellung verzerrt und nicht mehr das Ergebnis der Korrespondenzanalyse wiedergeben.

Unsere abschließende Interpretation der Korrespondenzanalysegraphik sah folgendermaßen aus: Die horizontale Achse trägt mit 70,6% erklärter Varianz des Gesamtmodells einen deutlich größeren Anteil zur Erklärung der Unterschiede bei als die vertikale Achse mit 23,6%. Während wir oben mit „Eltern“, „Untermiete, Verwandte“ und „eigene Wohnung“ eher Kategorien finden, die auf individuelles Wohnen deuten, sind demgegenüber Formen des gemeinschaftlichen Wohnens („Wohnheim“ und „Wohngemeinschaft“) eher im unteren Bereich der Graphik angesiedelt. Sehen wir uns die Studierendengruppen an, so setzen sich die Wiwi-FH-Studierenden von den restlichen Gruppen eher in Richtung individuelles Wohnen und die Mbau-Uni-Studierenden in Richtung gemeinschaftliches Wohnen ab. Horizontal betrachtet sind die Pädagogikstudierenden beider Hochschularten eher auf der rechten Seite zu finden, also bei den Wohnformen („eigene Wohnung“, „Wohngemeinschaft“), die auf Selbständigkeit hindeuten. Umgekehrt finden wir auf der linken Seite mit den Wohnsituationen „Eltern“ und „Wohnheim“ traditionelle Wohnformen. In deren Nähe befinden sich eher die Wiwi-Unis, Mbau-FHler und die Mbau-Unis als die anderen Studierendengruppen. Pointiert formuliert, scheinen die Pädagogikstudierenden in punkto Selbständigkeit den anderen Studierendengruppen eine Nasenlänge voraus zu sein.

Abb. 8.3.6: Aufbereitete Version der Abbildung 8.3.5

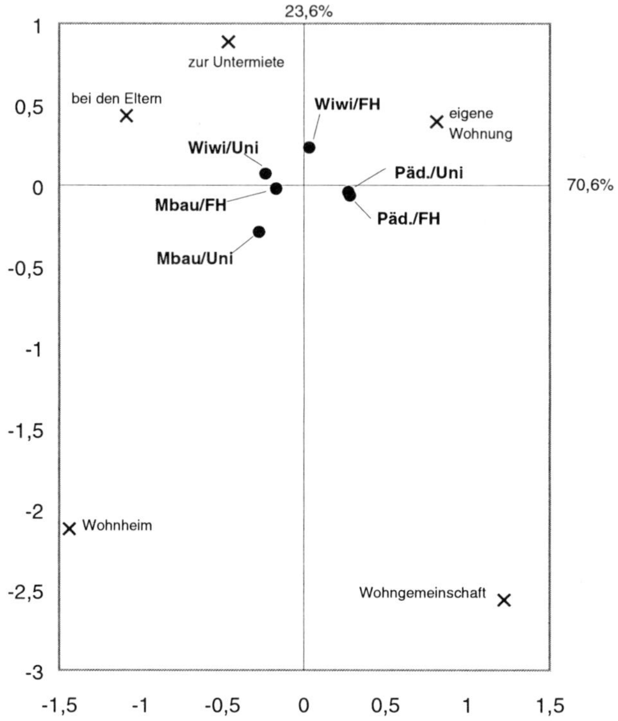

Die Korrespondenzanalyse setzten wir nicht nur bei obigem Beispiel ein, sondern auch in komplexeren Fällen, so beispielsweise zu dem breitgefächerten Thema „Lehre und Organisation". Hier charakterisierten wir unsere sechs Studierendengruppen anhand ihrer Einschätzungen zu fünf Aussageitems einer entsprechenden Fragebatterie. In diesem Fall ist jedes Item eine Variable mit drei möglichen Ausprägungen (trifft nicht zu, trifft teilweise zu, trifft zu). Die Antworten der Studierenden für die einzelnen Aussageitems lassen sich – differenziert nach Studierendengruppen – jeweils in einer Kontingenztafel darstellen. Zum Beispiel für das erste Item „Veranstaltungen fallen aus":

Tab. 8.3.4: Häufigkeitstabelle zur Frage B31_4

	Wirtschaft		Maschinenbau		Pädagogik	
	Uni	FH	Uni	FH	Uni	FH
Veranstaltungen fallen häufig aus	52	58	7	15	192	68
trifft teilweise zu	127	91	26	37	156	68
Lehrveranstaltungen fallen kaum aus	230	37	115	63	37	14

Tabellen dieser Art bilden – wie bereits erwähnt – die Grundlage für die einfache Korrespondenzanalyse. Da wir aber einen thematischen Schwerpunkt (hier: Lehre und Organisation), bestehend aus fünf Items, untersuchen wollten, hefteten wir die Kontingenztafeln untereinander.

Der nachfolgend beschriebene Weg ist nur einer von vielen. Das Problem, die Einfache Korrespondenzanalyse auf mehr als zwei Variablen zu erweitern, ließe sich beispielsweise auch mit der „Joint correspondence analysis" lösen (vgl. Greenacre und Blasius (1994), Part 2).

Tab. 8.3.5: Häufigkeitstabelle zur gesamten Frage B31

	Wirtschaft		Maschinenbau		Pädagogik	
	Uni	FH	Uni	FH	Uni	FH
Veranstaltungen fallen häufig aus	52	58	7	15	192	68
trifft teilweise zu	127	91	26	37	156	68
Lehrveranstaltungen (LV) fallen kaum aus	230	37	115	63	37	14
nur schwer Teiln.-Platz in wichtigen LV	63	42	115	71	21	38
trifft teilweise zu	124	68	20	31	77	62
problemlos Teiln.-platz in wichtigen LV, etc.	222	75	13	13	284	50
Überfüllung verhindert oft den Besuch von wichtigen LV	108	38	4	9	160	16
trifft teilweise zu	137	55	16	16	157	45
Überfüllung verhindert kaum den Besuch von wichtigen LV	162	94	128	90	66	89
LV sind inhaltl. gut abgestimmt	62	33	28	26	18	12
trifft teilweise zu	210	108	78	54	159	68
LV sind inhaltl. nicht gut abgestimmt	136	45	42	35	205	70
LV sind zeitl. gut abgestimmt	49	48	54	40	27	24
trifft teilweise zu	152	86	53	44	110	63
LV sind zeitl. nicht gut abgestimmt	207	52	41	31	244	63

Wir behandelten diese zusammengesetzte Tabelle anschließend wie eine aus zwei Variablen gebildete Kontingenztafel, wobei Lehre/Organisation mit 15 Ausprägungen die Zeilen und Studierendengruppe mit sechs Ausprägungen die Spalten definiert. Diese wurde dann die Grundlage für die Einfache Korrespondenzanalyse, wie wir sie oben ausführlich beschrieben haben. Auch hier machte eine Reduzierung auf zwei Dimensionen – wie im erstgenannten Beispiel – Sinn. Bei der Übertragung der resultierenden Grafik in Excel verzichteten wir der Übersichtlichkeit halber auf die Darstellung der Punkte für die „teilweise"-Antworten.

Abb. 8.3.7: Aufbereitete Version der Korrespondenzanalyse zur Tabelle 8.3.5

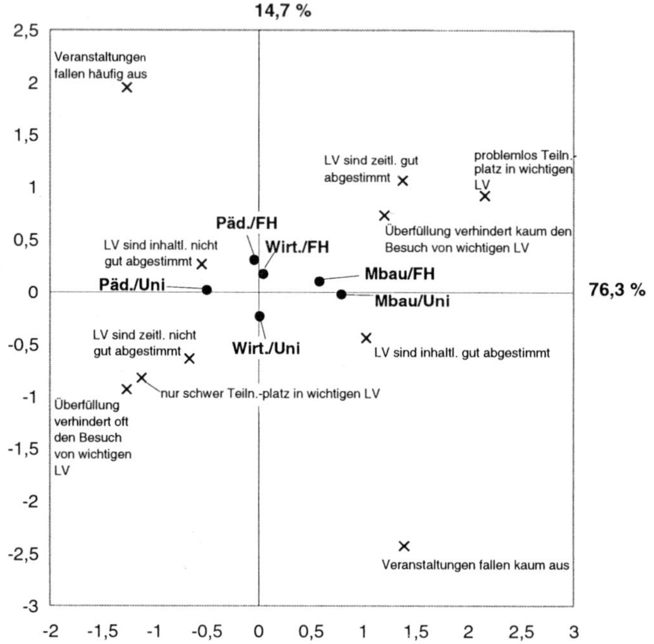

Da es hier um die Darstellung der Korrespondenzanalyse und nicht um inhaltliche Aussagen zur Hochschulforschung geht, verzichten wir auf eine Interpretation der Grafik. Viel Spaß dabei!

„Ich denke mir, wieviel es nützt;
Denn was man schwarz auf weiß besitzt,
kann man getrost nach Hause tragen.“
(Schüler zu Mephistoles)

9. Was am Ende übrig bleibt: Die Berichterstattung

Nachdem wir unsere Daten mit mehr oder weniger komplizierten Verfahren der Datenanalyse durchdrungen hatten, rückte die schriftliche Dokumentation des ganzen Geschehens auf Platz Eins der Tagesordnung. In diesem Zusammenhang stellten wir uns Fragen zum Wie und Wo des Publizierens. So diskutierten wir beispielsweise, ob wir das Forschungsgeschehen in Form eines Buches oder Berichtes rekapitulieren oder doch nur eine Auswahl treffen und Teilergebnisse in Fachzeitschriften plazieren sollten. Wir wollten keine Möglichkeit auslassen und verständigten uns darauf, mehrere Wege einzuschlagen.

- So verfassten wir zum einen Fachaufsätze. In diesen konzentrierten wir uns jeweils auf eine Fragestellung. Einerseits warfen wir in einem Fachartikel mal ein Schlaglicht auf Langzeitstudierende, andererseits nahmen wir die Lehrenden ins Visier. Hier mussten wir die Ausführungen zu methodischen und statistischen Verfahren auf das zum Verständnis notwendige Minimum begrenzen.
- Die in der Grundauswertung erstellten Tabellen fügten wir unkommentiert in einem Tabellenband zusammen. Er kann von Interessierten eingesehen und für weitere, auch eigene Forschungsvorhaben genutzt werden.
- Darüber hinaus arbeiteten wir an einem Projektbericht. Unter dessen Dach befinden sich mehrere Themen und detaillierte Ausführungen zum Theorierahmen, zu den angewandten Methoden und statistischen Verfahren. Im Gegensatz zu den Fachaufsätzen kann man sich hier umfassend über das Projekt informieren.

Außerdem trugen wir unsere Erfahrungen in dem vorliegenden Buch zusammen, um einen Einblick in den Forschungsalltag zu geben und eventuell auch AnfängerInnen dabei zu helfen, mit widrigen Umständen des Forschungsprozesses umzugehen.

Bei allen Publikationen beachteten wir einige uns wichtig erscheinende Aspekte. Um den Publikationen eine einheitliche Gestalt zu geben, legten wir vorab die Form der darin enthaltenen Tabellen und Graphiken fest. Zudem bemühten wir uns bei den Texten um gute Lesbarkeit und achteten darauf, dass die gemachten Interpretationen angemessen und nachvollziehbar waren. Zudem sollten alle zum Nachvollziehen und Beurteilen unserer Vorgehensweise notwendigen Informationen enthalten sein, da wir dies für die Erfüllung eines gewissen wissenschaftlichen Standards als selbstverständlich empfanden.

Was wir sodann schwarz auf weiß besaßen, formulierten wir natürlich mit Blick auf die Leserschaft. Aber auch für uns selber sind diese Texte in der Zukunft nutzbar, da zum Beispiel häufig Fragestellungen in jedem Projekt auftauchen. Da kann ein Blick in den Projektbericht 1997 oder in die Veröffentlichung XY von 1996 schnell Aufschluss über bereits einmal erprobte mögliche Lösungen geben.

Die Vorgehensweise war bei allen Veröffentlichungen gleich. Als erstes veranstalteten wir ein Brainstorming. Wir trugen also unsere Gedanken zu den Inhalten der gesamten Schrift wie zu einzelnen Kapiteln zusammen, diskutierten darüber und beschlossen, welche Inhalte berücksichtigt werden sollten.

Für den Tabellenband legten wir zunächst gemeinsam das Layout der Tabellen fest. Die Hauptarbeit, das Erstellen der Tabellen, oblag ganz „demokratisch“ den bewährten Händen der Hilfskräfte aus unserer Runde. Anschließend verfassten wir gemeinsam ein Vorwort, in dem wir kurz auf den Sinn des Bandes und die Vorgehensweise bei der Durchführung der Befragung eingingen, ehe wir ein Titelblatt gestalteten. Mit Impressum und Fragebogen im Anhang versehen, gaben wir den „Prototyp“ dann in die zentrale Vervielfältigungsstelle.

Aufwendiger gestaltete sich hingegen das Erstellen des Projektberichts und dieses Buches. Während wir uns hierbei schnell über die Inhalte einzelner Kapitels verständigten und sich ebenso flugs Personen bereitfanden, dieses oder jene Kapitel aufs Papier zu bringen, zogen mehrere Monate mit teilweise heftigen Streichorgien ins Land, ehe aus diversen Rohfassungen akzeptierte Manuskripte wurden. In dieser Phase trat jedenfalls die Notwendigkeit des mehrfachen Redigierens deutlich zutage, gleichwohl sie manches Mal einen Kraftakt darstellte. Denn wir alle neigten für gewöhnlich zu Anfang einer „Redaktions“-Sitzung dazu, den eigenen „geistigen Erguss“ zu verteidigen. Auch wenn während der meist konstruktiven Sitzungen deutlich wurde, dass im Eifer des Schreibgefechts Gedankengänge übersprungen, missverständliche oder umständliche Formulierungen gewählt und unpassende Beispiele ausgewählt worden waren, sah man häufig sich und nicht den Text-Entwurf auf dem Prüfstand. Nichtsdestotrotz stellten wir uns immer wieder der notwendigen Redaktions-Situation und gingen mal mit dem Hobel, mal mit der Feile an die Texte heran, um Ungereimtheiten oder Ungenaues abzuschleifen.

Bei allen Textproduktionen machten wir die Erfahrung, dass sich zu den Tücken des Schreibens vielfach Widrigkeiten des Interpretierens gesellen. So beschrieb beispielsweise einer von uns die unterschiedlichen Motive der Studierenden und zeigte anhand unserer Daten auf, dass die Pädagogik-Studierenden sich eher von ihren Neigungen leiten lassen, während für Wirtschafts-Studierenden der spätere Verdienst maßgeblich ist. Bei der Text-Diskussion musste er sich dafür mit dem Einwand auseinandersetzen, das müsse nichts bedeuten. Diese Vorstellung sei schließlich weit verbreitet und deshalb müsse bei der Interpretation gefragt werden, wie weit die Studierenden im Sinne der sozialen Erwünschtheit geantwortet hätten. Wenn die Allgemeinheit beispielsweise von PädagogInnen erwartet, für sie müsse das Fach wichtiger als der spätere Verdienst sein, übe das Druck auf die Antwortenden aus, dieser Erwartung zu entsprechen. Auch wenn jener aufgrund der schönen eindeutigen Daten darauf bestand, diesen Aspekt nicht durch derartige Relativierungen verwässern zu wollen, blieb den AutorInnen letzten Endes nichts anderes übrig, als die Kritik zu schlucken und beim nächsten Text-Entwurf zu berücksichtigen.

Interpretatorische Schwierigkeiten traten beispielsweise auch bei vagen Antwortvorgaben wie „häufig" oder „selten" auf und wurden den VerfasserInnen einzelner Passagen angekreidet, die im Grunde ja nichts dafür konnten, weil hier ja grundsätzliche, nicht lösbare Mankos der schriftlichen Befragung das Ergebnis und damit den Text überschatteten. Eine solche Diskussion entbrannte beispielsweise bei einer Textpassage, die das Leseverhalten von Studierenden zum Gegenstand hatte. So wurde die Tatsache, dass die Maschinenbau-Studierenden wesentlich seltener angaben, häufig Fachbücher zu lesen als die Pädagogik-Studierenden, so interpretiert, dass Pädadagogik-Studierende fleißiger seien als Maschinenbau-Studierende. Hier wurde der Vorwurf laut, das könne so nicht behauptet werden, immerhin sei es ja möglich, dass Pädagogik-Studierende Begriffe wie „selten" oder „häufig" anders deuten als Maschinenbau-Studierende. So können schon zwei Fachbücher für die einen viel, für die anderen wenig sein. Dieses Problem vager Antwortvorgaben ließ sich zwar nicht beheben, aber nachdem wir uns dafür entschieden hatten, die Daten einmal von der Warte der Studierenden zu betrachten und ihren jeweiligen Bezugsrahmen genauer zu beleuchten, standen die Ergebnisse in einem ganz anderen Licht: De facto lesen die Maschinenbau-Studierenden zwar weniger häufig Fachbücher als Pädagogik-Studierende, sind aber deshalb noch lange nicht fauler als ihre KommilitonInnen. Denn in der Pädagogik spielt das Lesen von Fachbüchern allein aufgrund des Themen- und Theorienpluralismus eine übergeordnete Rolle, während es im Maschinenbau-Studium weniger wichtig ist, weil der Fächerkanon eindeutig ist und für gewöhnlich anhand von Skripten und nicht von Fachbüchern studiert wird. Fallstricke, wie diese, gab es dutzendhaft. Diese zwei Beispiele sollen stellvertretend für die vielen Möglichkeiten stehen, sich interpretatorisch zu verrennen.

Da an unserem Projekt mehrere Personen beteiligt waren, die darüber hinaus parallel andere Aufgaben hatten, gab es überdies einiges zu koordinieren.

Obwohl wir Zeitpläne aufstellten und regelmäßige Zusammenkünfte anberaumten, gab es in Folge von Urlauben und anderweitigen Verpflichtungen zwischendurch Phasen, in denen die Publikations-Arbeit „ruhte". Dadurch zog sich nicht nur die Arbeit in die Länge, sondern es gingen immer wieder Ideen verloren und manche gedankliche Arbeit musste doppelt getan werden.

Zum Schluss noch ein Tipp zum Verfassen der Publikationen: Während es vielfach Sinn macht, die Kapitel oder Abschnitte der Reihe nach zu verfassen, um den roten Faden nicht zu verlieren und Gedankensteinchen für Gedankensteinchen aufeinander aufzubauen, empfiehlt es sich, Einleitung und Vorwort erst am Schluss zu schreiben. Auch bei uns war es so, dass wir erst am Ende genau sagen konnten, welche Fahrtroute wir eingeschlagen haben, und wo wir gestrandet bzw. wie tief wir ins Fahrwasser eingedrungen sind.

10. Vorsicht Falle: Gesammelte Tipps

Hin und wieder wurden wir danach gefragt, was bei einer Befragung unserer Ansicht nach beachtet werden sollte. Eine Antwort auf eine derart offene Frage zu geben, fiel uns zunächst nicht leicht. Gab es doch viel zu beachten, immerhin so viel, dass wir uns mühelos über 100 Seiten damit beschäftigten konnten. Schließlich schossen uns aber nach und nach einige Ratschläge durch den Kopf, die bei genauerem Hinsehen aufgrund ihrer Allgemeingültigkeit auf jede Phase des Forschungsprozessess zutrafen und die wir unseren LeserInnen aufgrund ihrer Bedeutsamkeit nicht vorenthalten möchten.

– *Weniger ist oft mehr*
ist ein Leitspruch, der von uns im Verlauf des Projektes so manches Mal übersehen wurde. Allein unser 14seitiger Fragebogen lehrte uns diesbezüglich einiges. Nicht nur, dass ein zu langer Fragebogen weniger häufig beantwortet wird, auch erschlägt einen die dadurch erzeugte Informationsflut und erschwert nicht zuletzt das Auswerten insgesamt.

– *You can't have it all*
lautet ein weiteres Motto, das uns die Praxis lehrte. Weder lässt sich alles fragen (weil man halt nicht an alles denken kann), noch lassen sich alle befragen. Selbst bei einer Volkszählung klappt das nicht.

– *Wer vorher überlegt, erspart sich späteres Klagen*
Ausreichend Zeit in die Entwicklung einzelner Arbeitsphasen zu stecken, macht sich unserer Erfahrung nach bezahlt, da Dinge, die vorher nicht bedacht wurden, sich meistens im Nachhinein – wenn überhaupt – nur mit erheblichen Mühen nachholen lassen. Wer zum Beispiel vergisst, im Fragebogen nach dem Alter der Studierenden zu fragen, wird seine liebe Not haben, das später in Erfahrung zu bringen.

– *Erstens kommt es anders und zweitens als man denkt*
Und wenn man sich noch so sehr Mühe gibt, alles lässt sich nicht kontrollieren, so schön sich manche Studien und Berichte auch lesen. Irgendwie kön-

nen wir uns schwer vorstellen, dass es das perfekte Projekt geben soll. Dafür existieren einfach zu viele Hindernisse rund um die Forschungsmaterie. Dass man von dieser Seite des Forschens nicht allzu viel hört, liegt vermutlich in der Natur der ForscherInnen und GeldgeberInnen, lieber „Positives" zu berichten.

– *Wer nicht fragt, bleibt dumm...*
Es kann dem Forschungsvorhaben nur gut tun, wenn bereits an der Planung Leute beteiligt sind, die schon an Studien mitgearbeitet haben oder sich in der Materie auskennen. Wir jedenfalls waren überrascht, wie offen ExpertInnen reagieren, wenn man sich ihnen tatsächlich einmal mit Fragen persönlich nähert.

– *Wo ist eigentlich das blaue Buch...?*
Während der statistischen Auswertung unseres Datensatzes wurden immer wieder neue Variablen berechnet sowie dutzende neue Dateien erzeugt. Gemeinsam war ihnen allen, dass sie alle irgendwie „Test", „Test2", „Probe3"... hießen. Wer sollte da noch eine Woche später wissen, worin der Unterschied zwischen „Test4" und „Test5" bestand? Erst recht, wenn mehrere KollegInnen sich hier betätigten. Abhilfe schaffte da unser (freundlich blaues) Notizbuch. In ihm wurde täglich vermerkt, was am Datensatz verändert, welche Dateien neu hinzugekommen und welche Tabellen unter welchen Namen abgespeichert worden war(en). Eine sinnvolle Einrichtung auch dann, wenn es zu Einträgen führte wie „Test6 – wollte nur kurz was ausprobieren".

– *Geteiltes Leid ist halbes Leid*
Allein unsere Ausführungen dürften deutlich gemacht haben, dass eine Untersuchung heutzutage kaum mehr von einer Person allein zu bewerkstelligen ist. Sobald aber alle an einem Strang ziehen und das Gefühl haben, zum Gelingen des Projektes beizutragen, entsteht zusätzliche Motivation, woraus dann weitere Ideen erwachsen (wie beispielsweise die Idee für dieses Buch).

Literaturverzeichnis

Brendel, Sabine/Kirchhoff, Sabine/Metz-Göckel, Sigrid (2001), Das Studium ist schon die Hauptsache, aber ..., Kleine Verlag, Bielefeld

Clauß/Ebner (1982[4]), Statistik für Soziologen, Pädagogen, Psychologen und Mediziner, Band 1: Grundlagen, Frankfurt a. M.

Fahrmeir, Ludwig/Hamerle, Alfred (Hg. 1984), Multivariate statistische Verfahren, Berlin

Fahrmeir, Ludwig et al. (1997), Statistik – der Weg zur Datenanalyse, Berlin

Friedrichs, Jürgen (1985[13]), Methoden empirischer Sozialforschung, Opladen

Greenacre, Michael/Blasius, Jörg (1994), Correspondence Analysis in the Social Sciences, London

Greenacre, Michael (1984), Theory and Applications of Correspondence Analysis, London

Kaufmann, Heinz/Pape, Heinz (1984), Clusteranalyse. In: Fahrmeier/Hamerle (Hg.), Multivariate statistische Verfahren, Berlin, S. 371-472

Mayntz, Renate/Holm, Kurt/Hübner, Peter (1978[5]), Einführung in die Methoden der empirischen Soziologie, Opladen

Brendel, Sabine/Kirchhoff, Sabine/Kuhnt, Sonja/Metz-Göckel, Sigrid/Leffelsend, Stefanie/Lipp, Peter/Schlawin, Siegfried, Studieren im Revier. Das Studium aus Sicht der Studierenden am Beispiel ausgewählter Studiengänge, Tabellenband, Schriftliche Befragung an Dortmunder Hochschulen im Sommersemester 1995, Hochschuldidaktisches Zentrum der Universität Dortmund 1999

Noelle-Neumann, Elisabeth/ Petersen, Thomas (1996), Alle, nicht jeder. Einführung in die Methoden der Demoskopie, München

Ost, Friedeman (1984), Faktorenanalyse. In: Fahrmeier/Hamerle (Hg.), Multivariate statistische Verfahren, Berlin, S. 575-632

Porst, Rolf (1985), Praxis der Umfrageforschung. Erhebung und Auswertung sozialwissenschaftlicher Umfragedaten, Stuttgart

Prüfer, Peter/Rexroth, Margrit (1996), Verfahren zur Evaluation von Survey-Fragen: Ein Überblick, in: ZUMA-Nachrichten,Jg. 20, November, Mannheim S. 95-115.